Die Blaumacher

Trennung wegen Alkohol?

In Einfacher Sprache

Spaß am Lesen Verlag
www.einfachebuecher.de

Text Originalfassung: Marian Hoefnagel
Illustrationen: Roelof van der Schans
Deutsche Übersetzung: Frederike Zindler
Redaktion und Gestaltung: Spaß am Lesen Verlag

ISBN 978-3-948856-07-6

Marian Hoefnagel

Die Blaumacher

Trennung wegen Alkohol?

In Einfacher Sprache

Schwierige Wörter oder Ausdrücke sind unterstrichen. Die Erklärungen stehen in der Wörterliste am Ende des Buches.

Inhalt

Nick

Nick sitzt auf einer Bank.
Genauer gesagt:
Er sitzt auf der Rückenlehne von der Bank.
Ganz allein.
Alle anderen Schüler stehen
in Gruppen zusammen und reden.
Es ist zehn nach acht.
Bald müssen sie reingehen.

Nick sieht sich um.
Die Schüler hier sehen so anders aus als zu Hause,
denkt er.
Und dann erschrickt er.
Nein, so etwas darf er nicht denken.
Zu Hause ist jetzt hier.
Hier, in Deutschland.

Er trommelt mit den Fingern
auf der Lehne von der Bank.
Im Takt von der Musik aus seinem Handy.
Die Musik beruhigt ihn.
Und das braucht er jetzt.

Denn so toll ist es nicht,
in eine neue Schule zu gehen.
In einem neuen Land.

Die Schulen in Deutschland sind super,
hat seine Mutter gesagt.
Die Lehrer sind nicht streng.
Und wenn man eine Fünf hat,
dann kann man immer darüber reden.

Komisches Land, hat Nick gedacht.
Eine Fünf ist eine Fünf, oder?
Wie soll man darüber reden können?
Das hat er auch seiner Mutter gesagt.
Aber die hat nur gelacht.

„Warte mal ab“, hat sie gesagt.
„Ich bin mir sicher, es wird dir
in Deutschland gefallen.
Jugendliche haben dort viele Freiheiten.
Man kann richtig ausgehen.
Hier darf man keinen Alkohol trinken, bis man 21 ist.
In Deutschland wohl.
Cool, oder?“

„Ja, schon", hatte Nick gesagt.
Aber nun sitzt er hier,
auf dieser Bank in Deutschland.
Und es gefällt ihm gar nicht.

Mara

Mara weiß natürlich nicht, was Nick denkt.
Sie sitzt im Mathe-Unterricht
und schaut aus dem Fenster.
Das ist er, denkt sie, als sie Nick sieht.
Das ist der Mann meiner Träume.

Die anderen Jungen stehen in Gruppen zusammen.
Sie schubsen sich, wie kleine Kinder.
Der Mann aus Maras Träumen sitzt
auf der Rückenlehne von einer Bank.
Er hört Musik und sieht sich um.

Das muss ein neuer Schüler sein, denkt Mara.
Ich habe ihn noch nie gesehen.
Vielleicht kommt er zu mir in die Klasse.
Sie guckt genauer hin.
Ja, er könnte ungefähr 16 sein.
Könnte schon sein, dass er in die 10A kommt.
Dann klingelt es.
Mara steckt ihr Mathe-Buch ein.
Sie zieht den breiten Träger von ihrer Tasche
über die Schulter.

Mit der Tasche auf der Hüfte verlässt sie den Raum.
„Tschüss", sagt sie zum Mathe-Lehrer.

„Tschüss, Mara", sagt der Lehrer freundlich.
„Hast du was gelernt bei der Nachhilfe?"
Mara nickt.
„Ja", sagt sie. „Aber es ist blöd,
dass ich dafür so früh aufstehen muss."

„Tja", sagt der Lehrer. „Das muss ich auch.
Ich hätte auch lieber noch länger geschlafen."

Mara sieht ihn überrascht an.
Daran hatte sie noch gar nicht gedacht.
Aber er hat natürlich recht.
Nicht nur die Schüler müssen früher zur Schule
für die Nachhilfe.
Die Lehrer müssen auch früher aufstehen.

„Ähm, danke!
Also für das frühe Aufstehen, meine ich",
sagt sie lachend.

Zusammenstoß

Den ganzen Morgen guckt Mara
zur Tür vom Klassenraum.
Gleich wird er reinkommen, der Mann ihrer Träume.
Zusammen mit dem Direktor.
Und dann wird der Direktor sagen,
dass er sich neben Mara setzen soll.
Denn da ist noch ein Platz frei.

Mara hat extra ihre Tasche
auf den Stuhl neben sich gestellt.
Damit sich keiner dort hinsetzen kann.
Ein paar Mädchen haben es versucht.
Freundinnen von Mara.
Aber Mara hat die Mädchen abgewehrt.
„Nein", hat sie gesagt.
„Ich möchte heute lieber alleine sitzen."

Die Mädchen waren überrascht.
Manche waren auch wütend.
Aber es war alles umsonst.
Niemand kommt herein.
Den ganzen Morgen über nicht.

Als die Stunde zu Ende ist,
steht Mara mit einem Seufzen auf.
Dann kaufe ich mir eben ein paar Schoko-Riegel,
denkt sie.
Ein bisschen Schokolade als Trost.

Während sie aus dem Raum geht,
sucht sie ihr Portemonnaie.
Oh, ein Euro und 80 Cent.
Mehr hat sie nicht mehr?
Maras Stirn bekommt eine tiefe Falte.
Vorgestern hat sie doch Taschengeld gekriegt.
Zehn Euro.
Hat sie schon mehr als acht Euro ausgegeben?
Nein, das kann nicht sein.
Mara sucht weiter.
Im anderen Fach von ihrem Portemonnaie.
Und dann, bumm, läuft sie in jemanden hinein.

„Du musst aufpassen, Mara",
sagt der Direktor streng.
Mara sieht erschrocken hoch.
„Oh, Entschuldigung", sagt sie.
„Ich hatte Sie nicht gesehen."

„Natürlich nicht. Das ist ja auch schwierig,
wenn du mit der Nase im Portemonnaie steckst“,
sagt der Direktor wütend.
„Du musst nach vorne schauen, wenn du gehst, Mara.
Nicht nach unten. Zum Glück hatte ich
keinen Kaffee in der Hand.“

„Ja, zum Glück“, gibt Mara zu.
Aber sie denkt sich: alter Meckerkopf.
Ist doch nichts passiert.
Der Direktor sieht Mara merkwürdig an.
Als ob er ihre Gedanken lesen könnte.
Aber er sagt nichts mehr.

Und dann erst sieht Mara ihn.
Den Mann ihrer Träume.
Er steht schräg hinter dem Direktor.
Und er zwinkert ihr zu.
Vor Schreck lässt Mara das Portemonnaie fallen.
Die Münzen rollen über den Boden.
„Ich, äh … ich lasse mein Geld fallen“, murmelt sie.
Sie starrt noch immer den neuen Jungen an.
Der nickt ernst.
„Geld muss rollen“, sagt er dann.

Jetzt muss Mara lachen.
„Aber nicht über den Flur“, antwortet sie.
Sie bückt sich schnell, um ihr Geld aufzusammeln.

Du Idiotin, denkt sie sich.
Wieso hat sie das bloß gemacht?
So lange einen Jungen anzustarren.
Was soll er bloß von ihr denken?
Sie kriecht weiter über den Boden.
Da liegt noch eine Münze, und dort auch.

Nick sieht das Mädchen
mit den wütenden blauen Augen an.
Schade, dass ich keine Gedanken lesen kann,
denkt Nick.

Als sie ihn ansieht, lächelt er und zwinkert ihr zu.
Ihre blauen Augen sehen jetzt
gar nicht mehr wütend aus.
Jetzt sieht sie erschrocken aus. Und überrascht.
Ich habe noch nie solche Augen gesehen,
denkt Nick.
Sie sehen aus, als wenn sie
eine ganze Geschichte erzählen.

Eine Münze ist ein ganzes Stück weggerollt.
Nick bückt sich und sammelt sie auf.
Als er hochkommt, stößt er sich hart den Kopf.
Am Kopf von dem Mädchen mit den blauen Augen.
„Aua“, ruft sie.

„Hier sind noch 20 Cent“, sagt Nick.
Er gibt Mara die Münze und reibt sich die Stirn.
„Eigentlich ein bisschen wenig für einen Kopfstoß“, sagt er noch.
Dann zieht ihn der Direktor am Arm.
„Komm mit, Nick“, sagt der Direktor.
„Ich bringe dich zu deinem Klassenlehrer.
Mara kann ihr Geld selbst wieder aufsammeln.“

Schokolade

Der Kiosk macht gerade zu,
als Mara ankommt.
„Kann ich noch was kaufen?", fragt sie.
„Ich habe voll Hunger auf Schokolade."
„Wir haben schon geschlossen",
sagt das Mädchen im Laden.
„Bitte", sagt Mara ganz lieb.
„Ich brauche wirklich Schokolade.
Ich habe den Mann meiner Träume getroffen.
Aber er hat mir einen Kopfstoß verpasst.
Jetzt brauche ich Schokolade als Trost."
Mara macht ein langes Gesicht.

Das Mädchen im Laden muss lachen.
„Na, dann los", sagt sie.
„Was möchtest du?"

„Alles, was ich kriegen kann für, äh …"
Mara sucht in ihrem Portemonnaie.
„Für einen Euro und 60 Cent", sagt sie dann.
Das Mädchen nimmt zwei Schoko-Riegel.
„Das macht einen Euro und 50 Cent", sagt sie.

„Und alles Gute für deinen Kopf.
Ich sehe schon den blauen Fleck."

„Echt jetzt?", fragt Mara.
Sie tastet erschrocken ihren Kopf ab.
Auch das noch.
Ein blauer Fleck am Kopf.
Sie läuft zur Toilette und sieht in den Spiegel.
Das Mädchen im Laden hat recht.
Direkt über ihrem rechten Auge
bildet sich ein blauer Fleck.

Dann läutet es.
Mara seufzt.
Sie hält ein Papiertuch unter den Wasserhahn
und kühlt damit den blauen Fleck ein bisschen.
Natürlich hilft das nicht.

Zu spät

„Du bist zu spät“, sagt der Englisch-Lehrer.
Mara nickt.
„Ich habe mir den Kopf gestoßen“, sagt sie.
Sie deutet auf den blauen Fleck.
„Ich habe ihn mit Wasser gekühlt.“

„Hm“, sagt der Englisch-Lehrer.
„Na, dann aber los jetzt. Setz dich.“
Mara sieht sich um.
Sie sucht nach einem freien Platz.
Und dann sieht sie ihn.
Zum dritten Mal heute. Nick.
Er sitzt am Fenster. Allein.
Und er grinst sie an.
Genau das, was ich wollte, denkt Mara.
Ich kann mich einfach neben ihn setzen.
Sie geht schon auf ihn zu.
Aber dann traut sie sich plötzlich nicht mehr.
Er sitzt da und grinst.
Er hält sie bestimmt für blöd.
Sie geht schnell an ihm vorbei nach hinten.
Und setzt sich neben Martin.

Alle sehen Mara überrascht an.
Mara und Martin sitzen nie nebeneinander.
Mara und Martin machen nie etwas zusammen.
Sie fahren nie zusammen zur Schule.
Und jetzt setzt sich Mara plötzlich neben ihn?

„Na, Schwester", brummt Martin leise,
als Mara sich neben ihn setzt.
„Traust du dich nicht,
dich neben den Neuen zu setzen?"
Mara sieht ihren Bruder an.
War das so auffällig?
Dann schüttelt sie den Kopf.
„Wir haben uns schon einen Kopfstoß gegeben",
sagt sie.
„Das ist genug für heute."

Englisch

„We will speak English now“, sagt der Lehrer.
Mara sieht Martin an und rollt mit den Augen.
„Wetten, dass ich nach vorne muss?“, flüstert sie.
„Er nimmt immer mich dran.“
Aber der Lehrer sieht Mara nicht mal an.
Er sieht zu Nick.
„Nick, can you please tell us something
about yourself?“, fragt der Lehrer.

Nick steht ganz ruhig auf und geht nach vorne.
Und dann erzählt er.
Auf Englisch.
Dass er eine deutsche Mutter hat.
Und einen amerikanischen Vater.
Dass er in Deutschland geboren wurde.
Dass er in Amerika aufgewachsen ist.
Und dass er vor zwei Wochen wieder
nach Deutschland gezogen ist.
Zusammen mit seiner Mutter.
Die Klasse ist ganz ruhig geworden.
Nick spricht richtig gut Englisch.
Fast besser als der Lehrer!

„Wow“, seufzt Mara.
„Ich wünschte, ich könnte so gut Englisch sprechen.“
Nick lächelt sie an.

„Any questions?“, fragt der Lehrer.
Er sieht sich in der Klasse um.
Aber keiner traut sich, eine Frage zu stellen.
Alle haben Angst, dass ihr Englisch jetzt
richtig blöd klingt.

„I have a question“, sagt der Lehrer dann.
Und dann fragt er, ob Nick selbst findet,
dass er gut Englisch kann.
Nick muss lachen.
„No“, antwortet er. „Nein.“

Und dann erklärt er, dass er Amerikanisch spricht.
Und dass sich das anders anhört als Englisch.
„Es ist zwar die gleiche Sprache“, sagt Nick.
„Aber die Aussprache ist ganz anders.“

Nick steht vor der Klasse.
Er erzählt, dass er in einer Art Lager gewohnt hat,
weil sein Vater bei der Army war. Als Pilot.

Dass so ein Lager toll ist, wenn man Sport mag.
Alles ist gratis: das Schwimmbad, die Tennisplätze, das Fitness-Studio.

Die Schüler der 10A hängen an Nicks Lippen.
Sie finden seine Geschichten aus Amerika toll.
Das merkt Nick auch.
Dadurch ist er weniger nervös.
Was war das heute Morgen schlimm!
Er hat ganz cool getan.
Aber eigentlich ging es ihm ganz anders.

Nick erzählt und erzählt. Alles auf Englisch.
Er sieht von einem Schüler zum nächsten.
Aber meistens sieht er Mara an.
Ihre Augen strahlen, während sie ihm zuhört.
Als ob sie mich verzaubern wollen, denkt Nick.
Magic eyes.

Nach zehn Minuten ist er fertig.
„That's all", sagt er zum Lehrer. „Das ist alles."

Nick hört, was Mara sagt: „Wow.
Ich wünschte, ich könnte so Englisch sprechen."

Verliebt

Mara und Martin fahren zusammen nach Hause.
Auf dem Rad.
Zum ersten Mal seit einer langen Zeit.
„Was war denn jetzt mit diesem Nick?“, fragt Martin.
Mara grinst.

„Ich habe in der Pause den Direktor umgerannt“,
erzählt sie. „Und dann habe ich
mein Portemonnaie fallen lassen.
Nick stand daneben.
Er hat mir geholfen, mein Geld einzusammeln.
Als wir uns wieder aufgerichtet haben,
sind wir mit den Köpfen zusammengeknallt.
Ganz schön peinlich.“

„Oh“, sagt Martin. „Ich dachte an was anderes.“
„Ja, das auch“, gibt Mara zu.

Martin sieht sie überrascht an.
„Ich mag ihn. Das meinst du doch, oder?“,
fragt Mara lachend.
Martin nickt. Ja, das hat er gemeint.

Dann schüttelt Martin kurz den Kopf.
Er versteht Mara nicht.
Sie sagt immer sofort, dass sie verliebt ist.
Und Mara ist oft verliebt. Sehr oft.
Martin ist da ganz anders.
Er ist nur selten verliebt. Und immer heimlich.
Aber Mara nicht.
Die ganze Welt soll es wissen, wenn sie verliebt ist.
Dafür sorgt sie schon.

Wieso sind wir bloß so verschieden?,
fragt sich Martin.
Haben wir wirklich dieselben Eltern?
Er sieht seine Schwester von der Seite an.
Sie ist klein und nicht gerade dünn.
Er ist groß und sehr dünn.
Mara hat dunkle, glatte Haare und blaue Augen.
Er hat blonde Locken und braune Augen.
Das ist doch bei Zwillingen eigentlich
gar nicht möglich, oder?

Musik machen

„Wie war's?", fragt Nicks Mutter.
Nick wirft seinen Rucksack auf den Boden
und sieht seine Mutter an.
„Na ja", sagt er. „Du weißt schon ..."
Er zuckt mit den Schultern.
„Nein", sagt Nicks Mutter.
„Ich weiß es nicht. Darum frage ich dich."

„Es war okay", antwortet Nick.
„Anders als in Florida?", fragt seine Mutter.
„Ja, natürlich", sagt Nick.
„Aber Schule ist Schule.
Die ist da blöd und hier blöd."

„Mir hat es auf der Schule gut gefallen",
sagt Nicks Mutter.
„Ich musste mir nur Sorgen
um meine Hausaufgaben machen.
Ansonsten hatte ich vor allem Spaß
mit meinen Freundinnen."
Nick antwortet nicht.
Er hat keine Lust, mit seiner Mutter zu diskutieren.

„Ich mache ein bisschen Musik, okay?“, fragt er.
Seine Mutter nickt.
„Dann gehe ich einkaufen“, sagt sie.
„Ich bin in einer Stunde wieder da.“

Nick dreht sich um und geht zu seinem Keyboard.
Schnell setzt er seine Kopfhörer auf.
So, jetzt hört er nichts mehr.
Außer den Klang von seinem Keyboard.
So kann er seine Gedanken beiseite schieben.
Gedanken an Amerika.
An das Land, das er vermisst.
Und die Gedanken an seinen Vater.
Den er noch viel mehr vermisst.

Er probiert ein bisschen auf dem Keyboard herum.
Klimpert eine Melodie.
So ähnlich wie der Anfang von *Little Green Bag*.
Der Song, der ihn immer so beruhigt.
Er probiert und probiert.
Aber es klappt nicht so richtig.

Fitness

„Ich gehe noch ins Fitness-Studio“, ruft Mara.
Sie nimmt ihre Sporttasche und geht aus der Tür.
„Wann kommst du zurück?“,
ruft Maras Mutter ihr nach.
„Gegen acht“, antwortet Mara. „Tschüss!“

Mara springt auf ihr Rad und strampelt los.
Sie will vor halb sieben im Fitness-Studio sein.
Dann sind die meisten Geräte noch frei.
Und dann kann sie sich aussuchen,
an welchem Gerät sie trainiert.

Mara nimmt am liebsten die Geräte
für die Beinmuskulatur.
Oder die für die Bauchmuskeln.
Wenn sie an jedem Gerät zehn Minuten trainiert,
dann ist sie in einer Stunde fertig.
Und dann fühlt sie sich zehn Kilo leichter.
Natürlich ist das nicht so, aber sie fühlt sich so.

Beim Fitness-Studio guckt sie erst mal,
ob das Fahrrad von Jing dort steht.

Jing ist ihre Sportfreundin.
Meistens trainieren sie
an zwei Geräten nebeneinander.
Und unterhalten sich dabei ein bisschen.
Über die Schule und über Jungs.
Aber sie sieht das Fahrrad von Jing nicht.

Ob Jing schon wieder nicht kommt?, denkt Mara.
Die letzten Male war sie auch schon nicht da.
Schade. Dabei ist das Abo so teuer.
Der hohe Preis ist ein Nachteil beim Fitness-Studio.

Nick hat heute Morgen erzählt,
dass das in Amerika alles gratis ist.
Schwimmen und Tennis und das Fitness-Studio.
Dann sind die Amerikaner bestimmt alle total fit,
denkt Mara.
Und dann wandern ihre Gedanken wieder zu Nick ...
Nicht zu groß. Breite Schultern. Ganz kurze Haare.
Eine Pilotenjacke und Militärhose.
Mara seufzt.
Er wird wohl der Mann meiner Träume bleiben,
denkt sie.
Er wird bestimmt nie wirklich mein Mann.

Jing

Als Mara vom Fitness-Studio nach Hause fährt,
nimmt sie einen Umweg.
Sie will kurz bei Jing vorbei.
Um zu fragen, warum sie nicht mehr
zum Trainieren kommt.
Denn mit Jing macht Sport viel mehr Spaß.
So ganz allein dauern die Übungen ziemlich lange.
Aber wenn man sich unterhält,
geht die Zeit viel schneller vorbei.

Mara weiß ungefähr, wo Jing wohnt.
Sie weiß, in welcher Straße sie wohnt.
Aber sie weiß die Hausnummer nicht.
Darum sieht Mara bei jedem Haus hinein.
Nein, hier wohnen zwei alte Leute.
Nein, da wohnt eine Familie mit blonden Kindern.
Das kann nicht die Familie von Jing sein.
Denn Jing ist Chinesin.

Da vielleicht? Mara schaut in ein Fenster.
Da sitzt jemand mit Kopfhörern über den Ohren.
Das könnte Jing sein.

Mara fährt langsamer, um besser gucken zu können.
Nein, das ist doch nicht Jing.
Jetzt erkennt sie es. Es ist ein Junge.
Dann sieht der Junge von seinem Keyboard auf.

„Nick!“, ruft Mara überrascht.
Nick winkt. Er ruft ihr etwas zu.
Das glaubt Mara zumindest,
denn sein Mund bewegt sich.
Mara will auch winken.
Und zeigen, dass sie ihn nicht verstehen kann.
Aber bumm, da prallt sie wieder gegen etwas.
Dieses Mal nicht gegen den Direktor.
Sondern gegen einen Mülleimer.

Zum Glück ist es kein harter Aufprall.
Mara fährt sehr langsam.
Sie kann einfach von ihrem Rad springen.
Sie fällt nicht einmal hin.
Aber der Mülleimer fällt um.
Und der ganze Müll kullert über die Straße.
Mist, denkt Mara. Mein übliches Pech.

Die Welt hört auf, sich zu drehen

Nick sieht, wie alles passiert.
Er rennt schnell raus.
Aber er kann nur dastehen und zusehen.

„Hast du dir wehgetan?“, fragt Nick.
Mara schüttelt den Kopf.
„Aber ich habe ganz schönes Chaos angerichtet“, sagt sie und sieht sich um.
„Wir räumen zusammen auf“, sagt Nick.
„Dann ist das schnell erledigt.“
Er stellt den Mülleimer wieder hin.
Und fängt an, den Müll aufzusammeln.
Mara lehnt ihr Rad gegen eine Laterne.
„Und das gleiche Spiel noch mal“, sagt sie.
Und sie bückt sich, um auch Müll aufzusammeln.

„Bleib mir lieber fern“, witzelt Nick.
„Ich will deinem Kopf nicht noch mal begegnen.“
Mara wirft Müll in den Eimer und bückt sich wieder.
Auf Händen und Füßen kriecht sie auf Nick zu.
Sie sieht ihn direkt an.
„Was ist so verkehrt an meinem Kopf?“, fragt sie.

Sie sieht ihn herausfordernd an.
Nick sieht sie an und spürt,
wie sein Herz schneller schlägt.
„Du hast da immer noch diesen b-blauen F-Fleck“,
stottert er.
„Der passt doch gut zu meinen Augen“, findet Mara.

Nicks Herz schlägt noch schneller.
Er weiß nicht, was er sagen soll.
Er kann nur noch in Maras Augen starren.
Augen, die Geschichten erzählen können.
Augen, die ihn anziehen.
Langsam nähert sich sein Gesicht dem von Mara.
Oder vielleicht nähert sich Maras Gesicht
dem von Nick.
Sanft berühren seine Lippen ihre.
Es ist kein langer Kuss.
Aber es scheint, als ob die Welt
kurz aufhört, sich zu drehen.
Da auf der Straße.

Kleiner grüner Rock

Mara steht vor dem Spiegel und dreht sich.
Der kurze grüne Rock, den sie trägt, ist hübsch.
Aber für das Wetter draußen zu kalt.
Die schwarze Hose, die auf dem Bett liegt,
ist schön warm. Aber nicht so sexy.
Vielleicht eine dicke Strumpfhose unter dem Rock?
Hm, das könnte gehen.

„Mara", ruft ihre Mutter.
„Du kommst zu spät. Martin ist schon unterwegs."
Mara rennt die Treppe runter.
„Fertig", sagt sie zu ihrer Mutter.

„Von wegen fertig. Du hast noch nichts gegessen",
meckert ihre Mutter.
„Muss ich auch nicht", findet Mara.
„Ich bin schon dick genug."
Sie kneift sich in die Seite.
„Siehst du? Alles Fettrollen."

„Ja, ja", sagt ihre Mutter.
Und steckt ihr noch eben ein Brötchen zu.

Mütter!
Die wollen einen immer mit Essen vollstopfen.
Auch wenn man schon fett genug ist.

Mara rast wie eine Irre durch die Straße.
Natürlich ist sie wieder zu spät.
Sie hat viel zu lange gebraucht vor dem Spiegel.
Aber heute ist es wichtig, dass sie gut aussieht.
Für Nick.
Denn Nick muss einfach ihr Freund werden.
Es darf nicht nur bei dem einen Kuss bleiben.

Als es zum ersten Mal klingelt,
stellt sie gerade ihr Rad in den Fahrrad-Keller.
Und als es das zweite Mal klingelt,
stürzt sie gerade in die Klasse hinein.
Gerade noch pünktlich.

Der grüne Rock funktioniert.
Nick sagt etwas über ihren Rock.
Leider sagt er nicht:
„Siehst ganz schön sexy aus in dem Rock."
Sondern nur: „Du erinnerst mich an einen Song."
„Hä?", fragt Mara.

„*Little Green Bag*“, sagt Nick.
Aber Mara versteht ihn immer noch nicht.

„Hier, hör zu“, sagt Nick.
Er gibt ihr die Kopfhörer von seinem Handy.
Dann sucht er kurz, und ja, da kommt der Song.

„Und?“, fragt Mara.
„Das ist *Little Green Bag*“, sagt Nick.
„Kleine grüne Tasche?“, fragt Mara.
Nick nickt. „Du bist *Little Green Skirt*“, sagt er.
„Kleiner grüner Rock“, sagt Mara.
„Ja“, sagt Nick.
„Ich versuche, so einen Song zu machen
wie *Little Green Bag*.
Einfach, aber richtig gut.
Little Green Bag war sofort ein Welthit.“
„Wenn der Song fertig ist,
nennst du ihn dann *Little Green Skirt*?“, fragt Mara.
„Klar, wenn du das möchtest“, verspricht Nick.
„Ich hatte ja eher an *Magic Blue Eyes* gedacht.“

„Langweilig“, findet Mara.
Aber dann begreift sie,

dass er vielleicht ihre blauen Augen meint.
Ihre magic blue eyes.

Aber sie kann ihn nicht mehr fragen.
Er ist weitergegangen zu ein paar Jungen.
Martin ist auch dabei.
Sie reden über Musik.
Natürlich über Musik.
Die Jungen aus der 10A reden immer über Musik.

Zettel

Mara kriegt, was sie will.
Es dauert noch ein paar Tage,
aber dann ist Nick ihr Freund.
Sie musste ihn zwar selbst fragen, aber gut.
Das liegt natürlich daran,
dass er halber Amerikaner ist,
In Amerika sind Mädchen viel aktiver.
Und die Jungen warten ab.
Zumindest glaubt Mara das.

Es passiert einfach im Unterricht.
Mara schreibt einen Zettel: *Willst du mit mir gehen?*
Und diesen Zettel knüllt sie zusammen
und wirft ihn zu Nick hinüber.
Ganz einfach.

Aber Nick versteht es nicht.
Er lässt den Zettel einfach liegen.
Er öffnet ihn nicht.
Er sieht sich nur kurz um.
Er will sehen, wer den Zettel geworfen hat.
Mara zeigt auf sich selbst und lächelt.

Dann tut Mara so,
als ob sie einen Zettel öffnen würde.
Und sie zeigt auf den Zettel auf Nicks Tisch.
Nick sieht sie überrascht an.
Was soll ich tun?, bedeutet er ihr.

Und dann kommt der Lehrer dazu.
„Jetzt lies den Zettel schon, Nick", sagt er.
„Dann kann Mara auch endlich wieder zuhören."

Mara sieht den Lehrer erschrocken an.
Und dann sieht sie, dass die ganze Klasse sie ansieht.
Ihre Wangen werden direkt knallrot.

„Und?", fragt der Lehrer Nick.
„Was steht da nun?"
Nick sieht zu Mara und sieht ihren ängstlichen Blick.
Er zwinkert ihr schnell zu.
Zum Lehrer sagt er:
„Das ist leider privat.
Aber meine Antwort ist: Ja."

Musikfreunde

„Ich habe eine Freundin“, erzählt Nick seiner Mutter.
„Oh“, sagt seine Mutter. „Das ging aber schnell.
Wir sind doch erst seit vier Wochen in Deutschland.“
Nick lächelt stolz.
Ja, das hat er schnell hingekriegt.
Na ja, eigentlich hat er ja nichts gemacht.

„Sie heißt Mara“, erzählt Nick.
„Und sie hat die schönsten blauen Augen
auf der ganzen Welt.“
„Aha“, sagt Nicks Mutter.
„Darf ich die auch mal sehen?“
„Ja, warum nicht?“, sagt Nick.
„Wann?“, fragt seine Mutter.
„Erst mal noch nicht“, antwortet Nick.
„Ich habe mich mit ein paar Jungen verabredet.
Wir wollen nach der Schule Musik machen.
In ein paar Wochen ist das Schulfest.
Und da wollen wir auftreten.“

„Wow“, sagt Nicks Mutter.
„Du hast nicht nur eine Freundin.

Du hast auch schon einen ganzen Haufen Freunde.
Musikfreunde. Das ist toll!“

„Was allerdings nicht so toll ist …“, zögert Nick.
„Was?“, fragt seine Mutter.
„Mein Keyboard“, sagt Nick.
„Wie soll ich das zu Martin mitnehmen?“
„Vielleicht kannst du sie fragen,
ob alle hier üben wollen“, schlägt seine Mutter vor.
„Dann musst du dein Keyboard nirgendwohin
schleppen.“

Nick schüttelt den Kopf.
„Martin hat ein Schlagzeug“, sagt er.
„Das ist noch schwieriger zu transportieren.“

Und so geht Nick kurz darauf
mit seinem Keyboard unter dem Arm los.
Bis zu Mara und Martin ist es ganz schön weit.
Wenn er doch ein Auto hätte!
In Amerika hätte er bestimmt bald eins.
Da wäre das mit dem Keyboard kein Problem.

Kleine grüne Tasche

„Welchen Song spielen wir?“, fragt Nick.
Er hat sein Keyboard aufgebaut
und spielt ein paar Töne.
Natürlich den Anfang von *Little Green Bag*.
Die anderen Jungen sehen ihn überrascht an.
„Das klingt ja mega!“, sagt Martin.
„*Little Green Bag*“, sagt Nick.
„Das kennt ihr doch, oder?“

Die Jungen schütteln den Kopf.
„Wir können es üben“, sagt Nick zögernd.
„Wenn ihr darauf Lust habt, meine ich.“
„Wir können es versuchen“, sagt Martin. „Oder?“
Er sieht die anderen Jungs an.
Die nicken. Versuchen geht immer.

„Woher kennst du den Song überhaupt?“,
fragt Martin.
„Mein Vater mochte den Song sehr“, sagt Nick.
„Es ist ein komischer Name für einen Song“,
findet Martin. „Kleine grüne Tasche.
Das klingt irgendwie nach nichts.“

Nick muss lachen.
„Stimmt“, gibt er zu.
„Und trotzdem ist es ein berühmter Song geworden.
Er was so berühmt, dass er auf allerlei Taschen stand.
Alle hatten in der Zeit große braune,
schwarze oder blaue Taschen.
Darauf stand dann in riesigen Buchstaben:
Big Brown Bag. Oder Big Black Bag.
Oder Big Blue Bag.“

Die Jungen brechen in Lachen aus.
„Nicht *Little Green Bag*?“, fragt Martin.
Nick zuckt mit den Schultern.
„Ich weiß es nicht genau“, sagt er.
„Mein Vater hat mir die Geschichte erzählt.“
Nick zögert kurz.
Als ob er noch etwas erzählen will.
Aber dann sagt er doch nichts mehr.

Musik

Die Jungen sind eine ganze Zeit lang beschäftigt.
Sie drummen, spielen Gitarre und Keyboard.
Es klingt schon richtig gut.
Das finden sie selbst zumindest.
„Es ist schade, dass wir keinen Sänger haben“,
sagt Nick. „Mit Sänger klingt es noch besser.“

„Du kannst Mara fragen“, schlägt Martin vor.
„Sie hat eine sehr schöne Stimme.
Früher hat sie manchmal
bei unserer Band mitgesungen.
Aber irgendwann haben wir uns gestritten.
Und dann wollte sie nicht mehr.“

„Glaubst du, sie würde jetzt wieder wollen?“,
fragt Nick.
Martin zuckt mit den Schultern. „Vielleicht“, sagt er.
„Wenn du sie fragst, haben wir eine Chance.“

„Was meint ihr?“, fragt Nick die anderen Jungen.
Die finden die Idee super.
„Mara ist hübsch“, sagt Paul.

„Und eine hübsche Sängerin
ist auf jeden Fall ein Vorteil für eine Band."
„Ich werde sie fragen", verspricht Nick.

Dann sieht er auf seine Uhr.
„Ich muss nach Hause", sagt er.
„Proben wir morgen wieder?"
„Na klar", rufen die anderen.
„Jetzt müssen wir dranbleiben.
Jeden Tag proben. Sonst wird das nichts.
Diese Woche üben wir *Little Green Bag*.
Und nächste Woche einen anderen Song dazu.
Und dazwischen wiederholen wir die Songs,
die wir schon kennen. Okay?"

Nick nickt.
„*Little Green Bag* muss ich nicht üben", sagt er.
„Den kann ich so.
Aber ich arbeite an einem eigenen Song.
Damit mache ich diese Woche weiter. Okay?"
Und da nicken die anderen.

Nie richtig zusammen

„Können wir uns nicht mal verabreden?“, fragt Mara.
Sie geht mit Nick über den Flur zur nächsten Stunde.
„Wir sehen uns immer nur in der Schule.“
Sie verzieht das Gesicht.
Nick muss lachen.
Er nimmt Mara in den Arm.
„Wir sehen uns jeden Tag, jede Stunde“, sagt er.
„Das ist schon ganz schön oft.“

Mara zuckt mit den Schultern.
„Das ist doch nur in der Klasse“, sagt sie.
„Wir reden fast nie richtig.
In der Pause bist du immer bei den Jungs.
Du hast nie richtig Zeit für mich.“
Wieder verzieht sie das Gesicht.

Nick überlegt kurz.
Eigentlich hat Mara recht.
Er ist immer nur bei der Band.
„Es geht gerade eben nicht anders“, sagt er dann.
„Wir müssen jeden Tag proben.
Sonst wird das nichts auf dem Schulfest.“

„Du kannst doch wohl einen Abend in der Woche mit mir ausgehen“, sagt Mara.
„Dann bleiben dir noch genug andere Abende mit der Band.“

„Ja“, sagt Nick nachdenklich.
„Aber vielleicht habe ich noch eine bessere Idee.“
Mara sieht ihn überrascht an.
„Sollen wir an zwei Abenden was zusammen machen?“, fragt sie.
„Nein“, antwortet Nick. „Jeden Abend.“

Mara legt die Stirn in Falten.
„Was denn?“
„Du könntest bei der Band mitmachen.“, sagt er.
„Wir brauchen noch eine Sängerin.“
Er sieht Mara an, als ob er sich das gerade selbst ausgedacht hätte.
Mara schaut in die Ferne. Dann seufzt sie.
„Das habe ich schon mal gemacht“, sagt sie.
„Und das war kein Erfolg.“

„Was ist passiert?“, will Nick wissen.
„Warum singst du nicht mehr mit?“

„Wir haben uns gestritten“, sagt Mara.
„Martin und ich. Ein heftiger Streit.“

„Warum?“, fragt Nick.
Aber Mara schüttelt den Kopf.
Sie will nicht darüber reden.
Sie will auch nicht mehr daran denken.
„Du bist doch nicht sauer, oder?“, fragt Nick leise.
„Ich möchte wirklich mit dir ausgehen“, sagt er.
„Nach dem Schulfest gehen wir
eine Woche lang jeden Tag zusammen aus.
Versprochen.“

Ein schwieriges Versprechen

„Kannst du nicht für mich singen, bitte?“, fragt Nick.
Er steht mit Mara auf dem Schulhof.
Mara antwortet nicht.
„Ich würde so gerne mal deine Stimme hören“,
drängelt Nick weiter.
Aber Mara antwortet immer noch nicht.

Und dann sagt Nick:
„Ich habe einen Song für dich geschrieben.
Er handelt von deinen tollen Augen.
Und von deinem kleinen grünen Rock.
Ich würde ihn dir gerne vorspielen.“
Das stimmt alles nicht.
Aber er möchte, dass Mara ihn anlächelt.

Und es klappt.
Mara sieht Nick überrascht an.
„Echt?“, fragt sie.
Nick nickt.
Na ja, es ist ein bisschen wahr, denkt er.
Er hat einen halben Song gemacht.
Aber in dem Song geht es nicht um Maras Augen.

Es geht um nichts.
Denn der Song hat noch keinen Text.

„Wann kann ich es mir anhören?“, fragt Mara.
„Heute Nachmittag?“
„Morgen“, verspricht Nick.
„Singst du dann auch für mich?“
„Na klar!“, sagt Mara.
„Ich singe meinen eigenen Song. Das wird cool.“
Sie möchte Nick am liebsten küssen.

„Gut“, sagt Nick.
Wie soll ich das denn hinkriegen?, denkt er.
Das schaffe ich nie, an einem Tag
einen Text zu schreiben.

Zwei halbe Songs

Nick versucht es.
Er sitzt vor dem Keyboard und spielt
seinen halben Song.
Aber weiter kommt er nicht.
Seufzend fängt er an, *Little Green Bag* zu spielen.
Ja, das ist ein Song!
Warum kann er das nicht?

„Das ist auch so ein 20-Prozent-Lied“,
sagt seine Mutter, die gerade hereinkommt.
Nick sieht sie irritiert an.
Was ist das denn, ein 20-Prozent-Lied?
„Die ersten 20 Prozent vom Lied
finde ich richtig gut“, erzählt seine Mutter.
„Und dann schlägt es um.
Dann wird das so ein blödes Lied.“
Nick lacht.

„Eigentlich müsste mal jemand ein anderes Ende
für das Lied schreiben“, sagt seine Mutter.
„Vielleicht wird es dann noch
ein 100-Prozent-Lied.“

„Tja“, sagt Nick. „Und trotzdem war es ein Hit.“
„Nur wegen dem Anfang“, sagt seine Mutter.
„Da bin ich mir sicher.“

„Wie findest du das?“, fragt Nick seine Mutter.
Er spielt ihr seinen eigenen halben Song vor.
„Hm“, sagt seine Mutter zögernd. „Schon recht gut.“
Dann lacht sie.
„Spiel mal den Anfang von *Little Green Bag*
und dann deinen halben Song.
Ich glaube, zusammen wäre es super.“

Nick arbeitet den ganzen Abend an seinem Song.
Und die halbe Nacht auch noch.
Er nimmt den Anfang von *Little Green Bag*.
Dann kommt ein Teil von seinem eigenen Song.
Dann kommt ein neues Stück.
Und er denkt sich auch noch Text dazu aus.
Natürlich handelt der Song von Mara.
Mara mit ihren tollen blauen Augen.
Mara mit ihrem kleinen grünen Rock.
Er nennt den Song *Little Green Skirt*.
Er ist sehr zufrieden mit dem Ergebnis.
Aber da ist es schon halb vier morgens.

Ich bleibe besser gleich wach, denkt Nick noch.
Sonst bin ich nachher so müde.
Aber er schläft doch ein.
Mit dem Kopf auf dem Keyboard.

Natürlich ist Nick todmüde, als er aufwacht.
Er hat nur kurz geschlafen.
Sein erster Gedanke ist: Ich gehe nicht zur Schule.
Ich krieche einfach ins Bett.
Aber dann denkt er an seinen neuen Song.
Und an Mara.
Er will ihr *Little Green Skirt* vorspielen.
Er will sie bitten, den Text zu singen.
Nein, er muss doch zur Schule.
Seufzend geht er ins Bad.

Als Nick aus der Dusche kommt, fühlt er sich besser.
Pfeifend bereitet er sein Frühstück vor.
Pfeifend fährt er zur Schule.
Er denkt keine Sekunde an Amerika.
Und er denkt keine Sekunde daran, dass er
Fahrradfahren eigentlich blöd findet.

Fantastisch

Mara ist natürlich neugierig.
Sie fragt, ob Nick den Song nicht pfeifen kann.
Sie fragt, ob Nick ihr den Text nicht geben kann.
Sie fragt, ob er den Song nicht ganz kurz
auf dem Klavier in der Schule spielen kann.
Aber Nick schüttelt nur den Kopf.
„Warte es einfach ab“, sagt er lachend.
„Du musst noch ein bisschen Geduld haben.“

„Dann erzähl mir wenigstens,
worum es in dem Song geht“, sagt Mara.
Sie sieht ihn flehend an.
„Um dich“, antwortet Nick.
„Mehr verrate ich nicht.“

Mara kann es kaum erwarten,
bis die letzte Stunde vorbei ist.
Zehn Minuten vor dem Klingeln
hat sie ihre Tasche schon gepackt.
Und als es endlich klingelt, rennt sie raus.
Schnell zum Fahrrad-Keller und zur Straße.
Denn da wollte Nick auf sie warten.

Nick kommt gerade an.
Er winkt Mara fröhlich zu.
„Jetzt beeil dich“, ruft Mara.
„Ich will zu meinem Song.“

Und dann endlich, endlich sind sie
bei Nick zu Hause.
Und Nick spielt *Little Green Skirt* für sie.
Auf seinem Keyboard.
Mara liest den Text zur Musik mit.
Sie muss ein bisschen lachen.
Der ganze Song handelt
von ihrem kleinen grünen Rock.
Wie klein er ist.
Und wie grün er ist.
Wie kurz er ist.
Er gibt nur noch einen Satz über ihre Augen.

„Wie gefällt er dir?“, fragt Nick, als er fertig ist.
„Fantastisch!“, sagt Mara.
„Glaubst du, du könntest dazu singen?“, fragt Nick.
Mara nickt.

Das Schulfest

Es läuft gut mit der Band.
Sie proben und proben und proben.
Sie haben keine Zeit für irgendetwas anderes.
Nicht zum Ausgehen und nicht zum Fernsehen.
Nicht mal für die Hausaufgaben.
Zum Glück sind gerade keine Prüfungen.
Sonst würden alle schlechte Noten kriegen.

Mara singt jetzt wieder mit.
Genau wie vor anderthalb Jahren.
Viele Songs kennt sie noch von damals.
Nur die beiden Songs von Nick sind neu für sie.
Little Green Bag und *Little Green Skirt*.
Vor allem *Little Green Skirt* singt sie richtig gut.
Natürlich, weil es um sie selbst geht.

Und dann ist der Tag da: das Schulfest.
Der Freitag ist meistens ein kurzer Tag für die 10A.
Aber heute nicht.
Die ganze Klasse bleibt, um zu helfen.
Die Instrumente werden auf die Bühne gebracht.
Der Ton wird eingestellt.

Die Diskokugel wird aufgehängt.
Und auch jede Menge Lichter.
Bunte Lampen, die an- und ausgehen.
Genau im Takt von der Musik.
Es sieht toll aus.

Erst um sieben Uhr abends sind alle fertig.
„Ich gehe nicht mehr nach Hause“, sagt Nick.
„Ich rufe meine Mutter kurz an und sage ihr,
dass ich nicht zum Essen zu Hause bin.“
Die anderen nicken.
Nach Hause fahren und zurückfahren –
das kostet viel Zeit.
Und um acht Uhr fängt das Schulfest an.
Und dann muss die Band bereit sein.

„Ich bestelle Pizza“, sagt Martin. „Okay?“
Alle sind einverstanden.
Sie haben nicht so viel Hunger.
Sie sind viel zu nervös, um zu essen.

Prost

In der Schule ist niemand.
Nur die Band sitzt auf der Bühne und isst Pizza.
Sie sitzen zwischen den Instrumenten.

Martin hat nicht nur Pizza bestellt,
sondern auch ein paar Flaschen Bier.
Er weiß, dass Bier trinken in der Schule verboten ist.
„Aber wir müssen doch ein bisschen feiern", sagt er.
„Unseren ersten Auftritt auf einem Schulfest."

Er stößt mit den anderen an.
„Ja", nickt Nick. „Was sagt man dann auf Deutsch?"
„Prost!", grinst Martin.

Nick muss auch lachen.
„Das weiß ich doch", sagt er.
„Aber in Amerika sagt man dann so was wie:
Brich dir ein Bein."
Alle gucken Nick komisch an.
Dann lacht Martin los.
„Brich dir ein Bein?", fragt er.
„Ja", sagt Nick. „Das bedeutet: viel Erfolg!"

„Na, ich breche mir lieber kein Bein“, grinst Martin.
„Aber auf unseren Erfolg stoße ich gerne an.“
Er stößt noch einmal mit Nick an.

„In Amerika wäre das unmöglich“, sagt Nick.
Die anderen sehen ihn überrascht an.
„Was?“, fragt Mara.
„Na, so zusammensitzen und trinken“, sagt Nick.
Er zeigt auf die Bierflaschen.
„In Amerika darf man erst ab 21 Alkohol trinken“,
erklärt Nick. „Und in einer Pizzeria
kann man überhaupt kein Bier bestellen.
Nicht mal, wenn man 30 ist!“
Alle lachen.
Was für ein kindisches Land, dieses große Amerika!

Nur Mara starrt in die Ferne.
Wir müssten in Amerika leben, denkt sie.
Dann hätte Martin nie angefangen,
so viel zu trinken.
Und dann hätten wir nie
diesen schrecklichen Streit gehabt.

Ein bisschen auffällig

„Wir müssen uns umziehen“,
sagt Mara um Viertel vor acht.
Schnell räumen sie die Pizza-Kartons zusammen.
Und die Bierflaschen.
Dann verschwinden sie in der Umkleide
hinter der Bühne.

Mara zieht ihren kurzen grünen Rock an.
Sie hat schwarze Netzstrümpfe dazu gekauft.
Und ein schlichtes schwarzes T-Shirt.
Sie hatte noch schwarze und grüne
Armbänder aus Plastik.
Billige Sachen, aber sie sehen gut dazu aus.

Und sie hat noch grünes Haarspray.
Damit färbt sie ein paar Strähnen grün.
Dann noch riesige Ohrringe.
Ein grüner links und ein schwarzer rechts.
Mara guckt in den Spiegel.
Hm, denkt sie.
Schon ein bisschen auffällig.
Aber das geht schon, wenn man auf der Bühne steht.

Grüner Lidschatten, dicke schwarze Mascara.
Beim Lippenstift zögert sie kurz.
Knallrot, Glitzer oder ... grün?
Nein, doch Glitzer.
Mit grünem Lippenstift sieht sie aus wie ein Gothic.
Dann noch die grünen Stiefel anziehen.
Und die kleine grüne Tasche über die Schulter.
Fertig.

Sie geht zur Umkleide von den Jungen und klopft an.
„Seid ihr auch gleich fertig?“, ruft sie.
Aber sie hört nichts.
Vorsichtig öffnet sie die Tür.
Hä? Es ist alles dunkel.
Wo ist die Band?
Aber dann hört sie es.
Sie stehen schon auf der Bühne und spielen.
Die ersten Töne von *Little Green Bag*.
Schnell läuft sie zur Bühne.

Tolles Gefühl

Mara will wütend rufen: Was macht ihr denn?
Warum fangt ihr ohne mich an?
Aber dann sieht sie, dass der Vorhang noch zu ist.
Erst als Mara am Mikrofon steht,
geht der Vorhang langsam auf.
Sie beginnt zu singen.

Noch ist es nicht so voll im Saal.
Hier und da stehen Gruppen und reden.
Überrascht hören sie auf,
als Mara anfängt zu singen
Sie kommen nach vorne, zur Bühne.
„Das klingt richtig gut", sagen sie.

Und so bleibt es den ganzen Abend lang.
Immer mehr Schüler kommen an die Bühne.
Sie klatschen und jubeln nach jedem Song.
Die Schüler lieben die neue Band aus der 10A.
Vor allem den neuen Song von Nick.

Die Jungen aus der Band geben ihr Bestes.
Sie sehen, dass dem Publikum ihre Musik gefällt.

Darum geben sie sich noch mehr Mühe.
Sie spielen und spielen.
Einen Song nach dem nächsten.
Ohne Pause.
Am Ende haben sie alle Blasen an den Fingern.
Und Mara tut der Hals weh.

Aber das ist egal.
Sie stehen zusammen auf der Bühne.
Sie verbeugen sich vor dem Publikum.
Und das Publikum klatscht und jubelt.
Das Publikum ruft: „We want more! We want more!"

Die Musiker sehen sich lachend an.
Wow, was für ein tolles Gefühl.
Als ob sie schweben.

Aber dann gehen die Lichter langsam aus.
Das Schulfest ist vorbei.
Die Schüler gehen nach Hause.
Die Band ist wieder allein.
Genau wie vor ein paar Stunden.

Sommer-Job

Es ist noch ganz schön viel Arbeit,
alles aufzuräumen.
Die Jungs aus der Band
packen ihre Instrumente ein.
Mara hilft ihnen dabei, alle Kabel wegzuräumen.
Im Saal fegen ein paar Lehrer den Müll zusammen.
Leere Chipstüten, Flaschen, Becher.
Mit einem Besen wird alles in eine Ecke gefegt
und dann in große Mülleimer getan.
Nach einer Stunde sieht die Aula wieder
wie eine Aula aus.
Und nicht mehr wie ein Festsaal nach dem Fest.

„Sollen wir noch was zusammen trinken?“,
fragt der Englisch-Lehrer.
Er hat ein paar Stühle an einen Tisch gerückt.
Die anderen Lehrer setzen sich zu ihm.
„Wollt ihr auch?“, fragt er die Band.
„Ja, gerne!“, sagt Martin.
„Wie heißt eure Band eigentlich?“,
fragt der Englisch-Lehrer.
„Oder hat sie keinen Namen?“

„Die Band ohne Namen“, grinst Nick.
„Die gibt es schon“, sagt Mara.
„Wir müssen uns einen Namen überlegen“,
sagt Tim.
Er ist einer von den Jungen, die Gitarre spielen.
Der andere Gitarrist ist sein Bruder Paul.

Der Englisch-Lehrer gibt jedem eine Dose Cola.
„Prost“, sagt er, während er seine Dose hochhält.
„Auf euren Erfolg!“
Sie trinken alle einen Schluck.

„Mein Bruder hat einen Campingplatz auf Borkum“,
sagt der Englisch-Lehrer dann.
„Im Sommer treten dort immer Bands auf.
Bands, die noch nicht so bekannt sind.
Sie dürfen dann gratis dort übernachten.
Und sie dürfen sich ihr Essen und Getränke
aus dem Restaurant holen.
Aber dafür müssen sie drei oder vier Abende
in der Woche auftreten.“
Er sieht die Band von der 10A an.
„Wäre das was für euch?“

Wow!

Nick liegt im Bett.
Ihm ist ganz schwindlig von dem Erfolg.
Es ist unglaublich, denkt er.
Vor drei Monaten mussten wir aus Amerika weg.
Weg aus dem Land der tausend Möglichkeiten.
Und in dieses blöde, kalte Deutschland.

Und jetzt ...
Jetzt scheint Deutschland
das Land der tausend Möglichkeiten zu sein.
Ich habe eine tolle Freundin.
Ich habe einen Song geschrieben,
den alle toll finden.
Unsere Band wird im Sommer auftreten.
Ich trinke Bier mit meinen Freunden.
Wow!

Mara liegt auch im Bett.
Sie kann auch nicht schlafen, genau wie Nick.
Ihr ist auch schwindlig.
Nicht vom Bier, denn sie hat nicht viel getrunken.
Sie hätte am liebsten gar nichts getrunken.

Aber wenn alle trinken …
Nein, Mara ist schwindlig, weil sie so glücklich ist.

Nick hat sie endlich so richtig geküsst.
Nach dem Schulfest, hinter der Bühne.
Sie hatte sich schon so lange gefragt,
ob das jemals passieren würde.
Und heute Abend ist es passiert.

Sie war gerade dabei, ein Kabel aufzurollen.
Da hat er sich hinter sie gestellt.
Und er hat seine Arme um sie gelegt.
Und dann hat er sie an sich gezogen.
Und sie geküsst.
Richtig geküsst.
Lange geküsst.
Das hat sich Mara schon so lange gewünscht.
Wow!

Eltern-Sorgen

Die Woche nach dem Schulfest ist merkwürdig.
Der Englisch-Lehrer kümmert sich darum,
dass die Band von der 10A auftreten darf.
Auf Borkum, auf dem Campingplatz
von seinem Bruder.

Aber dann fangen die Eltern an zu nerven.
Die Eltern von Tim und Paul haben Zweifel.
Die Eltern von Mara und Martin haben Zweifel.
Und die Mutter von Nick auch.
Sie finden ihre Kinder eigentlich noch zu jung.
Sie befürchten auch, dass sie
schlechte Noten bekommen könnten.
Weil das Proben so viel Zeit kostet.

Eine Woche auf Borkum wäre
vielleicht noch in Ordnung.
Aber die ganzen Ferien ... das ist zu lang.
Sorgen über Sorgen.
Das macht Mara ganz verrückt.
Und die Jungen auch.

Traurig sitzen sie zusammen auf der Bank.
Es lief alles so gut.
Und jetzt klappt das alles vielleicht doch nicht.

„Wir müssen etwas versprechen“, sagt Nick.
„Was denn?“, fragt Mara.
„Dass wir keine Drogen nehmen oder so was.
Ich glaube, davor haben sie bestimmt Angst“,
meint Nick.

Martin zuckt mit den Schultern.
„Ich glaube, das hat mehr mit der Schule zu tun.
Sie haben Angst, dass wir sitzenbleiben.
Oder dass wir die Schule hinschmeißen.
Ich glaube, daran liegt es.“

Aber das glauben Tim und Paul nicht.
„Ich glaube, sie haben Angst,
dass wir nur Pommes essen“, sagt Tim.
„Ja“, nickt Paul. „Und kein Gemüse und Obst.“

Mara lacht los.
Aber dann hat sie eine Idee.
„Wir machen einen Vertrag“, sagt sie.

„In den Vertrag schreiben wir,
was wir alles machen und was alles nicht.
Und den unterschreiben wir dann alle fünf.
Vielleicht sind unsere Eltern dann beruhigt."

„Ja", sagt Tim begeistert.
„Und wir legen einen Besuchstag fest.
An einem Tag dürfen alle Eltern
zum Campingplatz kommen.
Aber dann müssen sie auch wieder gehen.
Das schreiben wir auch in den Vertrag."
Alle lachen.

Die Lösung

Das mit dem Vertrag klappt tatsächlich.
Alle gemeinsam treffen sich bei Nick zu Hause.
Und dann werden alle Sorgen besprochen.
Es ist genau so, wie sie es sich vorgestellt hatten.

Die Eltern von Tim und Paul haben Angst,
dass ihre Söhne ungesund essen.
„Wir dürfen auf dem Campingplatz essen,
im Restaurant“, sagt Mara.
„Wir bekommen die Mahlzeiten gratis,
weil wir zum Team gehören.“
Sie zeigt die Speisekarte vom Restaurant.
Die hat sie von der Website ausgedruckt.
Damit sind die Eltern von Tim und Paul beruhigt.
Aber sie wollen schon,
dass die Jungen ab und zu anrufen.

Die Eltern von Mara und Martin
machen sich Sorgen wegen der Schule.
„Ihr probt jeden Abend“, sagt ihre Mutter.
„Da habt ihr doch gar keine Zeit für Hausaufgaben.
Ich habe Angst, dass die ganze Band sitzenbleibt.“

„Ach, Quatsch“, sagt Nick.
„In zwei Wochen sind die Prüfungen.
Dafür müssen wir alle lernen.
Wir proben erst nach den Prüfungen wieder.“

Die Eltern von Mara und Martin nicken.
„Das hört sich gut an“, sagt ihr Vater.
„Trotzdem reicht mir das nicht.
Wenn einer von euch sitzenbleibt,
dürft ihr beide nicht mit nach Borkum.“
Er sieht seinen Sohn und seine Tochter streng an.
Die zucken kurz zusammen.
Aber dann sind sie einverstanden.

Die Mutter von Nick hat nur eine Sorge.
„Ich möchte, dass ihr alle versprecht,
keine Drogen zu nehmen“, sagt sie.
„Ich kenne das noch genau,
aus meiner eigenen Jugend.
Es fängt mit einem Joint an,
aber es geht immer weiter.
Und bevor man es merkt, ist man abhängig.“
Sie zögert kurz, als ob sie noch etwas sagen will.
Aber dann sagt sie doch nichts.

CONTRACT

Mara schreibt alles auf,
was die Band mit den Eltern verabredet hat.

Vertrag

Wir versprechen, dass wir

1. *alle versetzt werden. Sonst fährt keiner aus der Band nach Borkum.*
2. *keine Drogen nehmen werden (zum Beispiel kein Hasch oder Marihuana).*
3. *gesund essen werden.*
4. *jeden Montag- und Donnerstagabend zu Hause anrufen werden. (Öfter geht auch, muss aber nicht.)*

Die Eltern versprechen, dass sie

1. *nicht öfter als zweimal nach Borkum kommen. Sie dürfen nicht länger als ein Wochenende bleiben.*
2. *nicht öfter als zweimal pro Woche anrufen. (Es sei denn, es gibt einen Notfall.)*

Unter den Vertrag kommen alle Unterschriften.
Von Nick, Mara, Martin, Tim und Paul
und von allen ihren Eltern.
Alle sind zufrieden.

Die Blaumacher

Und dann braucht die Band noch einen Namen.
„Ihr könnt nicht ohne Namen auftreten",
hat der Englisch-Lehrer gesagt.
„Mein Bruder muss auf ein Schild schreiben,
wer auftritt.
Und wenn ihr euch *Band von der 10A* nennt.
Hauptsache, ihr habt einen Namen."

Aber *Band von der 10A* ... nein, das gefällt ihnen nicht.
„Unser bester Song ist *Little Green Skirt*", sagt Tim.
„Vielleicht sollten wir unsere Band auch so nennen."

Aber das gefällt Nick nicht.
Little Green Skirt ist ein Song. Keine Band.
„Aber was mit einer Farbe wäre schon cool",
findet Mara.
Die Jungen sehen sie irritiert an.
Etwas mit einer Farbe?
„*Die Grünen* etwa?", fragt Martin.
Alle lachen.
„Nein", sagt Mara.
„Aber warum nicht *Die Blaumacher*?"

Ja, das klingt schon gut, finden alle.
„Ich hoffe nur, dass dann keiner blaumacht
auf dem Campingplatz“, sagt Mara.
„Was heißt das?“, fragt Nick.
Die anderen lachen.
„Das sagt man so“, erklärt Paul.
„Es heißt: nichts arbeiten, nichts tun.“

Lernen, lernen, lernen

Mara hat jetzt keine Zeit mehr.
Sie probt nicht mehr mit der Band.
Sie geht nicht mehr ins Fitness-Studio.
Sie kommt kaum noch aus ihrem Zimmer.
Sie geht nur raus, um zur Schule zu gehen.

Sie lernt und lernt und lernt.
Englisch, Deutsch, Biologie.
Ab und zu hat sie das Gefühl, ihr Kopf ist viel zu voll.
Es ist kein Platz mehr für Neues.
Egal, was sie versucht.
Sie könnte genauso gut einfach aufhören.

Aber dann denkt sie wieder an Borkum.
Dass sie nicht mitdarf, wenn sie sitzenbleibt.
Und dass die anderen
dann auch nicht fahren dürfen!
Und dann lernt sie tapfer weiter.

Am Abend würde sie ihre Bücher
am liebsten in eine Ecke werfen.
Und manchmal macht sie das auch.

Nur manchmal denkt sie an Nick.
Vor allem abends im Bett.
Sie sind noch nie zusammen ausgegangen.
Eigentlich komisch.
Noch nie zusammen ausgegangen
und dann direkt zusammen in Urlaub.
Na ja, nicht zu zweit natürlich.
Es sind ja noch drei andere dabei.
Aber trotzdem …

Wer weiß schon, was auf Borkum
alles passieren wird.
Zusammen am Strand spazieren gehen,
wenn die Sonne untergeht.
Zusammen auf das Meer schauen,
wenn sie auf einer Düne sitzen.
Und wer weiß … zusammen in ihrem Zelt schlafen.
Vielleicht will Nick mit ihr schlafen.
Und vielleicht will sie das auch.
Ich nehme besser Kondome mit, denkt sie.
Und dann schläft sie ein.

Nach Borkum

Es klappt: Sie werden alle versetzt.
Nicht mit tollen Zeugnissen,
aber die Eltern sind zufrieden.
Bei Nick war es noch spannend.
In Deutsch hatte er eine Fünf.
Aber dann fiel ihm ein,
was seine Mutter gesagt hatte.
Dass man über eine Fünf mit dem Lehrer reden kann.
Und das hat er gemacht.
Und ... es hat geklappt.

Der Lehrer hat verstanden,
dass Nick Probleme mit Deutsch hat.
Vor allem mit der Rechtschreibung.
Weil er das in Amerika natürlich nicht gelernt hat.
Deswegen hat er aus der Fünf eine Vier gemacht.
Und jetzt können sie nach Borkum!

Martin und Mara werden von ihren Eltern
mit dem Auto gebracht.
Sie nehmen auch alle Instrumente mit.
Nick, Paul und Tim fahren mit der Bahn.

„Wir sehen uns im Hafen!“, ruft Mara fröhlich.
Sie ist mit den drei Jungen zum Bahnhof gegangen.
Die Jungen stecken den Kopf aus dem Fenster.
„Jetzt kommen *Die Blaumacher*!“, rufen sie zurück.
Die Leute am Gleis gucken verwundert.
Was für ein Gruß ist das denn?, denken sie.

Nick wirft Mara einen Luftkuss zu.
Mit den Händen macht er das Zeichen für *I love you*.
Daumen, Zeigefinger und kleiner Finger hoch.
Die anderen beiden Finger nach unten.
Mara macht das Zeichen auch.
Dann setzt der Zug sich in Bewegung.
Langsam geht Mara zurück nach Hause.

Sie ist bereit für die Reise.
Ihre Taschen sind gepackt.
Drei große Taschen. Ganz voll.
Kleidung für warme Tage, Kleidung für kalte Tage.
Kleidung für einen Auftritt, Kleidung für den Strand.
Und dann noch ihr Zelt. Und ihren Schlafsack.

„Es sieht aus, als wenn du umziehst“,
hat ihr Vater heute Morgen gesagt.

„Ich darf etwas mehr mitnehmen,
weil ich kein Instrument habe“, antwortet sie.

Ihr Vater lacht.
„Du hast dein Instrument immer dabei“,
sagt er.

Streit

Im Hafen von Emden ist viel los.
Viele Leute warten, dass sie
auf die Fähre nach Borkum können.

Mara und Martin suchen nach den drei Jungen.
Aber sie können sie nirgendwo finden.
„Vielleicht hat der Zug Verspätung“,
sagt Mara unruhig.

„Nee, glaube ich nicht“, sagt Martin.
„Sie sind bestimmt schon lange da.
Sie sitzen bestimmt in einer Kneipe
und trinken ein Bier.“
„Ja, das würdest du bestimmt tun“,
sagt Mara wütend.
Martin sieht sie überrascht an.
„Was meinst du?“, fragt er.

„Du denkst dauernd an Bier“, sagt Mara.
„Du hast dich überhaupt nicht verändert.
Das hat sich beim Schulfest ja gezeigt.
Du Idiot hast am meisten von allen getrunken.“

Martin wird wütend.
Aber dann denkt er nach.
Er zuckt mit den Schultern.
„Blöde Kuh“, sagt er nur.

„Mara! Martin!“, hören sie da.
Ihre Eltern stehen in der Ferne und winken.
Sie sind beim Auto geblieben.
„Hier sind sie!“, ruft ihre Mutter.
Und dann sehen sie die drei Jungen auch.
Sie winken alle drei.
„*Die Blaumacher* sind komplett“, ruft Tim.
Mara vergisst sofort, dass sie wütend war.
„Hey!“, ruft sie.
Und läuft auf das Auto zu.

Martin folgt ihr langsam.
Er hat Maras Worte noch nicht vergessen.
Warum sagt sie so was bloß?, denkt er.

Schlechte Laune

Martins gute Laune ist wie weggeblasen.
Es lief gerade so gut, denkt er traurig.
Warum muss sie wieder anfangen von letztem Jahr?

Okay, es lief damals aus dem Ruder.
Er hat zu viel Bier getrunken.
Manchmal war er total besoffen.

Am Anfang hat Mara sich um Martin bemüht.
Sie hat mit ihm geredet.
Dass es nicht gesund ist, so viel zu trinken.
Dass er nach ein paar Bier aufhören sollte.

Aber das hat nie geklappt.
Wenn er das erste Bier getrunken hatte,
wollte er noch mehr.
Und noch mehr.
Es war so gemütlich. Und lecker.

Und dann hatte Mara ihm gedroht.
Dass sie die Band verlassen wird.
Dass sie keine Lust hat auf sein Saufen.

Dass sie genug davon hat,
ihn ständig nach Hause bringen zu müssen.
Immer, wenn er nicht mehr Fahrrad fahren konnte.
Und dass sie ihre Eltern nicht mehr anlügen wollte.

Eines Abends war Mara furchtbar wütend geworden.
Das war nach einem Auftritt mit der Band
in einem Jugendzentrum.
Martin trank natürlich wieder viel zu viel.
Und sagte ziemlich blöde Dinge.
Dass Mara nicht seine Schwester sein kann.
Weil sie sich gar nicht ähnlich sehen.

„Ich will nichts mehr mit dir zu tun haben",
hatte Mara da geschrien.
„Und mit deiner blöden Band auch nicht!"
Wütend war sie davongelaufen.
Und dann hatte sie monatelang so getan,
als ob Martin nicht existierte.

Martin tritt gegen einen Stein.
Warum muss sie mich jetzt wieder daran erinnern?,
denkt er.
Jetzt, wo alles wieder okay ist.

Auf dem Campingplatz

Der Besitzer vom Campingplatz wartet schon.
Sie erkennen ihn sofort.
Er sieht genauso aus wie sein Bruder,
ihr Englisch-Lehrer.

„Da ist ja meine Band!“, sagt er lachend.
„Leute, ich bin froh, dass ihr da seid.
Ich bin der Chef vom Campingplatz. Ich heiße Gerd.“
Er streckt Martin die Hand entgegen.

„Ich bin Martin“, sagt Martin.
„Bist du der Chef von der Band?“, fragt Gerd.
Martin schaut zu den anderen.
Er weiß nicht, was er sagen soll.
„Ja“, sagt Paul dann. „Er ist der Chef.“
Alle sehen Paul überrascht an.
„Einer muss doch der Chef sein“, erklärt Paul.
„Dann kann es doch auch Martin sein, oder?“

„Kommt mit“, sagt Gerd dann.
„Ich zeige euch, wo ihr auftreten werdet.“
Er geht voraus, auf eine große Scheune zu.

„Wie cool“, findet Mara.
„Ja“, stimmt Nick zu.
„Das ist echt typisch deutsch.
Sowas habe ich in Amerika noch nie gesehen.“

„Kommt rein“, sagt Gerd.
Er öffnet zwei große Holztüren.
Drinnen ist es ziemlich dunkel.
Die Scheune hat nur ein paar kleine Fenster.
Sie stehen in einem riesigen Raum
mit einem Podium in der Mitte.
Um das Podium herum stehen Picknick-Tische.
Die Scheune ist Restaurant und Aufenthaltsraum
für die Camping-Gäste zugleich.

„Cool!“, ruft Martin begeistert.
„Mit dem ganzen Stroh auf dem Boden.“
Gerd nickt.
„Ich wollte, dass es noch
wie eine richtige Scheune aussieht“, sagt er.
„Guckt mal hier!“ Er zeigt nach oben.
Man sieht die Holzbalken vom Dach.
An einer Seite gibt es einen offenen Dachboden.
Da liegt noch jede Menge Heu.

„Wow“, seufzt Mara.
„Das ist der coolste Ort auf der ganzen Welt.“
An der Seite von der Scheune ist ein kleiner Raum.
Dort können sie ihre Instrumente abstellen.
Die Eltern von Mara und Martin helfen beim Tragen.
Zelte aus dem Auto, alle Taschen und Rucksäcke.
Und dann ist das Auto leer.

„Sollen wir euch noch beim Aufbauen helfen?“,
fragen die Eltern
„Nein, das können wir alleine“, findet Mara.
„Wir haben das doch schon so oft gemacht.“
„Bist du dir sicher?“, fragt ihr Vater.
Er weiß, dass Mara nicht besonders geschickt ist.
Aber Mara nickt entschlossen.

„Dann fahren wir jetzt zurück“, sagt ihr Vater.
Er klingt ein bisschen enttäuscht.
Mara kann ihn verstehen.
Auf dem Campingplatz sieht es richtig gut aus.
„Vielleicht könnt ihr hier ja noch
eine Tasse Kaffee trinken“, schlägt sie vor.
„Gute Idee“, sagt ihre Mutter.
„Lasst uns noch zusammen ins Restaurant gehen.“

Sie lassen die Zelte im Gras liegen.
Und gehen zusammen zum Restaurant.
„Seht nur“, sagt Nick überrascht.
Er zeigt auf ein großes Schild am Eingang.
Da steht: *Morgen Abend live! Die Blaumacher!*
Und darunter:
Die Neuentdeckung aus Niedersachsen.
Paul und Tim grinsen.
„Das sind wir!“, rufen sie. „Cool!“

Nach dem Kaffee fahren die Eltern
von Mara und Martin zurück.
Zurück zur Fähre.
Und zurück nach Hause.
„Viel Erfolg!“, rufen sie noch aus dem Auto.
„Tschüss, *Blaumacher*! Bis in ein paar Wochen!“

Mara seufzt.
„Jetzt sind wir wirklich alleine“, sagt sie.
Ein gutes Gefühl, aber auch irgendwie komisch.
„Komm“, sagt Nick.
Er nimmt ihre Hand.
„Wir bauen die Zelte auf.“

Abklatschen

Am Abend sitzen sie zusammen
vor dem Zelt von den Jungen.
Sie haben richtig gut gegessen im Restaurant.
Und es ist noch zu früh, um schlafen zu gehen.
Eigentlich will Mara zum Strand.
Mit Nick.
Aber Nick hat keine Lust.

„Lasst uns doch was spielen“, sagt Tim.
„Abklatschen?“, fragt Paul.
Die anderen gucken erstaunt.
Abklatschen, was ist das?
Paul erklärt es.

Man sitzt in einem Kreis,
mit den Händen locker vor sich.
Dann schlägt jemand auf die Hand seines Nachbarn.
Dieser Schlag muss weitergegeben werden.
Und der Schlag kann auch wieder zurückgehen.
Wer getroffen werden soll,
zieht die Hand schnell weg.
Wer aber die Hand nicht trifft, muss was trinken.

„Bier?“, fragt Martin.
Nein, kein Bier.
Paul holt eine Flasche.
„Das ist ein Mixgetränk“, sagt er.
„Nicht so stark wie Rum oder so.“
„Lass mich mal riechen“, sagt Mara.
Mhm, das riecht schon lecker.

Und dann fängt das Spiel an.
Es klingt ganz einfach,
aber trotzdem machen alle Fehler.
Und zack, schon muss wieder einer ein Glas trinken.
Das Mixgetränk schmeckt gar nicht so stark.
Und es ist immer nur ein kleines Glas.
Trotzdem werden sie alle
ziemlich schnell albern davon.

„Wir müssen aufhören“, sagt Tim nach einer Stunde.
„Och nö“, kichert Mara.
„Es fängt gerade an, Spaß zu machen.“
„Aber wir müssen“, sagt Tim.
„Die Flasche ist leer. Und die zweite auch.
Und die dritte auch.“
Er hält drei leere Flaschen hoch.

„Haben wir drei Flaschen getrunken?“,
fragt Nick erstaunt.
Tim nickt.
„Aber wir sind zu fünft“, sagt Martin.
„Also hat jeder gar nicht so viel getrunken.“

„Wenn man über den ganzen Tag verteilt trinkt, ja“,
sagt Tim. „Aber wir haben drei Flaschen
in einer Stunde getrunken.
Wir sollten alle nicht mehr Auto fahren heute.“
Alle lachen über Tims Witz.

Kater

Am nächsten Morgen hat Mara Kopfschmerzen.
Und Durst, schrecklichen Durst.
Sie trinkt direkt einen Schluck Wasser
aus der Flasche, die neben ihr liegt.
Tut das gut!
Dann kriecht sie aus ihrem Schlafsack.
Sie nimmt ihre Kleidung und ihren Kulturbeutel.
Erst mal ab in die Dusche.
Dann geht es ihr bestimmt gleich besser.
Oha, sie sackt fast zusammen.
Was ist los?, denkt Mara.
Als ob meine Beine aus Gummi sind.

Gestern Abend war doch toll.
Sie haben so viel zusammen gelacht.
Viel mehr als sonst.
Ob das am Alkohol liegt?
Oder an Borkum?
Na ja, wahrscheinlich liegt es an beidem.

Mara wirft ein paar Münzen
in die kleine Kasse von der Dusche.

Und dann lässt sie das warme Wasser
über ihr Gesicht laufen.
Langsam geht es ihr besser.
Nur die Kopfschmerzen bleiben.
Und die komischen Gummi-Beine auch.

Von der Dusche geht Mara zurück
zum Zelt von den Jungen.
Das ist noch zu.
„Hey, ihr Schlafmützen", ruft Mara.
„Kommt raus. Es ist tolles Wetter.
Perfekt für den Strand."

Aber es bleibt still im Zelt.
Sind sie etwa schon weg?, denkt Mara.
Ein Spaziergang am Morgen zum Strand oder so?

Sie öffnet den Reißverschluss vom Zelt.
Oh Mann!
Sie weicht direkt einen Schritt zurück.
Was für eine schlechte Luft im Zelt ist.
Einer von den Jungs muss sich übergeben haben.

Am Meer

Die Jungen sitzen schläfrig vor dem Zelt.
„Jetzt geht schon duschen“, sagt Mara.
„Und räumt da drin auf.“
Sie kommt gerade vom Bäcker.
Sie hat ein paar frische Brötchen mitgebracht.
Aber die Jungen haben keinen Appetit.

„Boah, ich bin kaputt, Mann“, sagt Martin.
Er streckt sich und sieht Mara mit roten Augen an.
Ja, nicken die anderen.
„Was für ein mieses Spiel mit dem Mixgetränk“,
fährt Martin fort.
„Von Bier geht es mir nie so schlecht.“
Nein, schütteln die anderen den Kopf.
Sie starren geradeaus.

Die Jungen bewegen sich keinen Meter.
Am liebsten würden sie zurück
in ihre Schlafsäcke kriechen, denkt Mara.
„Na, ihr macht das schon“, sagt Mara.
„Ich gehe zum Strand.“
Sie nimmt ein paar Brötchen aus der Tüte und geht.

Was für Idioten, denkt Mara wütend.
Mir geht es auch nicht so gut.
Und trotzdem stehe ich auf.

Aber die Sonne scheint
und der Weg zum Strand ist schön.
Mara ist nicht mehr wütend.
Links und rechts vom Sandweg blühen Sträucher.
Mara weiß nicht, wie die Blumen heißen,
aber sie riechen gut.
Dann steigt der Weg steil an
und führt eine Düne hoch.
Ganz schön anstrengend mit Gummi-Beinen.
Aber Mara schafft es.
Oben auf der Düne bleibt sie stehen.

Vor ihr liegt ein breiter, weißer Strand.
Ein grünes Meer wirft seine Wellen an den Strand.
Wie schön, denkt Mara.
So habe ich einen Strand noch nie gesehen.
Ganz leer.
Als ob ich der einzige Mensch auf der Welt wäre.
Mit ausgestreckten Armen
rennt sie die Düne runter.

Natürlich fällt sie vornüber in den Sand.
Aber das ist ihr egal.
Es sieht sie ja niemand.

Mara überquert den breiten Strand,
bis ganz ans Meer.
Dann zieht sie die Schuhe aus.
Mit nackten Füßen geht sie durchs Wasser.
Ganz schön kalt.
Aber auch herrlich frisch.

Mara kommt es vor, als ob sie schon
seit Stunden durch das Wasser läuft.
Und noch immer hat sie niemanden gesehen.
Nur Vögel.
Und vielleicht einen Seehund, in der Ferne.
Aber da ist sie sich nicht sicher.

Und dann hört sie plötzlich jemanden rufen:
„Mara, Mara!“
Ich täusche mich, denkt Mara.
Das liegt an der Stille.
Aber dann hört sie es wieder:
„Mara, hallo Mara!“

Mara sieht sich um.
Nein, niemand.

Und dann sieht sie es plötzlich.
In der Ferne, bei den Dünen,
steht ein Mädchen und winkt.
„Jing?“, ruft Mara überrascht.
Sie sieht noch mal genau hin.
Ja, es ist Jing.
Zweifellos.
Mara rennt los und winkt auch.
„Hey, Jing! Was machst du denn hier?“, ruft sie.
Jing lacht.
„Das könnte ich dich auch fragen“, antwortet sie.
Die Mädchen umarmen sich.
Dann fallen sie zusammen in den Sand.

„Ich helfe meinem Bruder“, sagt Jing.
„Dein Bruder geht doch auf die Modeschule, oder?“,
fragt Mara. „Genau wie du, oder?“
Jing nickt.
„Er hat gerade seinen Abschluss gemacht“, sagt sie.
„Er hat Kleidung für den Strand entworfen.
Und die zeigt er den Leuten hier am Strand.

Manche Leute bestellen etwas bei ihm.
Und ich helfe ihm dann beim Nähen."

Mara nickt.
„Aber wo wohnt ihr?", fragt sie.
Jing zeigt auf ein kleines Haus ein Stück entfernt.
„Komm doch mit", schlägt sie vor.
„Ich zeige dir unsere Sachen!"

Der erste Auftritt

Als Mara zurück auf dem Campingplatz ist,
ist es schon vier Uhr.
Sie hat die ganze Zeit mit Jing geredet.
Und die Kleidung von ihrem Bruder bewundert.
Tolle Kleidung, und alles aus alten Jeans gemacht.
„Das ist alles so schön", hat sie zu Jing gesagt.
„Viel zu schön für ein kleines Haus am Strand."
Jing hat gelacht.
„Das passt doch genau", hat sie geantwortet.
„Unsere Kleidung ist genau wie unser Haus:
Wir machen etwas Schönes aus alten Sachen."

„Da bist du ja", sagt Martin.
„Wir proben gleich in der Scheune."
Mara nickt und geht Richtung Scheune.
Ich hoffe, das geht gut, denkt sie.
Die Jungen waren vorhin so fertig.
Sie spielen bestimmt nicht so gut wie sonst.

Aber es geht.
Die Jungen spielen eigentlich wie immer.
Ihr Kater ist wohl vorbei.

Und jetzt, da Mara daran denkt:
Ihr geht es auch gut.
Die Kopfschmerzen sind weg.
Und ihre Beine fühlen sich wieder normal an.
Zum Glück.
Ihr erster Auftritt muss gut werden.

Und er wird gut!
Es kommen viele Camper zum Zuhören.
Erst zur Probe von der Band.
„Ist das okay für euch?“, hatte Gerd gefragt.
„Oder ist das komisch für euch,
wenn Publikum bei der Probe ist?“
Martin hat den Kopf geschüttelt.
„Nein“, sagte er. „Das ist super, oder?“
Er hat die anderen fragend angesehen.
Und die haben genickt.
Ja, das ist cool.

Und abends kommt noch viel mehr Publikum.
Alle tanzen und singen und klatschen mit.
Es ist ein großes Fest.

Wieder hell

Es sind nur noch ein paar Leute in der Scheune.
Sie räumen das Chaos auf.
Mara und die Jungen packen die Instrumente ein.
Es ist schon spät.
Oder anders gesagt: Es ist schon früh.
Es wird draußen schon wieder hell.

„Wollt ihr noch was trinken?“,
fragt der Campingplatz-Chef Gerd.
„Cola oder vielleicht ein Bier?“
Aber die Band will nichts trinken.
Sie sind alle todmüde.
Sie wollen schlafen.
„Heute Abend war toll“, lacht Gerd.
„So viele Leute kommen sonst nie an einem Montag.
Das liegt nur an euch.
Ich habe viel Essen und Getränke verkauft.
Morgen läuft es hoffentlich genauso gut!“

Nick und Mara gehen zusammen zu den Zelten.
Nick hat den Arm um Maras Schultern gelegt.
Das erste Mal, dass wir so gehen, denkt Mara.

Sie sieht nach oben.
Der Mond scheint noch.
Aber die Sterne sieht man fast nicht mehr.
Der Himmel wird langsam hell.
Sehr romantisch.
Aber Mara ist zu müde, um es zu genießen.

„Kann ich vielleicht bei dir im Zelt schlafen?“,
fragt Nick.
Mara zuckt zusammen.
Natürlich hat sie da auch dran gedacht,
als sie noch zu Hause war.
Zusammen mit Nick in einem Zelt ...

Aber jetzt ...
„Ich bin todmüde“, sagt sie.
„Nur schlafen?“, bettelt Nick.
Aber Mara schüttelt den Kopf.
„Es kommen noch genug Nächte“, verspricht sie.

Camping-Leben

Als Mara wach wird, ist es schon lange nach Mittag.
Die Sonne scheint auf ihr Zelt.
Schnell macht sie den Reißverschluss auf.
Die frische Luft tut gut.
Sie atmet tief ein und lässt sich die Sonne
ins Gesicht scheinen.
Ich gehe wieder an den Strand, denkt sie.
Schön mit den Füßen ins Wasser.
Vielleicht sogar schwimmen.

Sie zieht ihren Bikini an
und geht zum Zelt von den Jungs.
Die schlafen alle noch.
Ihr Zelt steht im Schatten von einem großen Baum.
Sie sind nicht von der Hitze geweckt geworden.

„Nick", ruft Mara.
„Nick, ich gehe zum Strand. Kommst du mit?"
„Hm?", hört sie Nick brummen. „Was?"
„Das Wetter ist super.
Komm doch mit zum Strand", sagt Mara.
„Geh schon mal vor", seufzt er. „Ich komme nach."

Mara zuckt mit den Schultern.
Toll, so ein Freund, denkt sie.
Nun, dann eben allein an den Strand.
Sie dreht sich um.
Und dann sieht sie es erst: eine Mauer aus Bier.
Neben dem Zelt von den Jungs
stehen Kisten Bier hoch aufgestapelt.
Vier Kisten hoch und sechs Kisten lang ist die Mauer.
Um Gottes willen, denkt Mara.
Wem gehören die ganzen Kisten?
Den Zelt-Nachbarn?
Du meine Güte, was sind das wohl für Typen?

24 x 24 Flaschen, das sind ...
Na, jedenfalls sehr viel Bier, denkt Mara.
Und sie geht auf die Dünen zu.
Es ist jetzt viel voller als gestern.
Gestern war sie früh dran.
Die meisten auf dem Campingplatz
haben noch geschlafen.
Es sind ja fast nur junge Leute hier,
die nachts feiern wollen.
Jetzt ist es Nachmittag,
und auch die jungen Leute sind nun wach.

Blauer Rock

Was mache ich?, denkt Mara, als sie am Strand ist.
Schwimmen? Nee, das Wasser ist noch kalt.
Dann eben durch das Wasser gehen,
am Strand entlang.
Das ist immer gut.
Vielleicht sieht sie Jing wieder.
Jing war gestern Abend in der Scheune,
zusammen mit ihrem Bruder.
Das hatte Mara gesehen.
Aber sie hatten sich nicht unterhalten.

Als Mara fast bei dem kleinen Haus ist,
kommt ein junger Mann auf sie zu.
Sie sieht ihn erst, als er fast schon bei ihr ist.
Es ist Tsang, der Bruder von Jing.
„Hey *Little Green Skirt*“, sagt Tsang lachend.
„Hallo Tsang“, antwortet Mara.
„Hat es dir gestern gefallen?“
Tsang nickt.
„Ich hab was für dich“, sagt er dann.
Er hält einen kurzen blauen Rock hoch.
Gemacht aus kleinen Stückchen Jeans.

„Oh, wie toll!“, ruft Mara begeistert.
„Es ist deiner“, sagt Tsang.
„Einfach so?“, fragt Mara überrascht.
Tsang lacht.
„Na ja, nicht ganz einfach so“, sagt er dann.
„Nein?“, fragt Mara.
„Trägst du ihn bei einem Auftritt
mit den *Blaumachern*?“, fragt Tsang.
„Und sagst, dass ich ihn gemacht habe?“

Mara lacht los.
„Echt?“, fragt sie.
„Ja, echt“, sagt Tsang.
„Das ist eine tolle Werbung für uns.“
Mara muss wieder lachen.
„So wie Filmstars
bei berühmten Mode-Machern?“, fragt sie.
Tsang nickt ernst.
„Ja, genau so“, sagt er.
„Wow“, sagt Mara.
Sie nimmt den Rock.
Und sie fühlt sich plötzlich sehr wichtig.

Erfolg

Es läuft immer besser mit der Band.
An jedem Abend, an dem sie auftreten,
ist die Scheune voll.
Es kommen nicht nur die Camper,
sondern auch viele andere Touristen.
Die *Blaumacher* sind ziemlich berühmt.
Zumindest auf Borkum.

Mara trägt jetzt Kleidung von Jing und ihrem Bruder.
Die *Blaumacher*-Kleidung.
Mara sagt das auch immer, bevor sie singt.
„Unsere *Blaumacher*-Kleidung ist von Jing
und Tsang entworfen worden. Dort sitzen sie."

Und dann zeigt sie zu Jing und ihrem Bruder.
Denn die beiden kommen zu jedem Auftritt.
Sie haben schon ziemlich viel Kleidung verkauft.
Vor allem kurze Röcke aus kleinen Stückchen Jeans.
Natürlich, weil Mara so einen Rock trägt.

Gerd hat sogar gefragt,
ob die Band eine CD machen will.

Gerd kennt jemanden mit einem Tonstudio.
Das Publikum will noch mehr von den *Blaumachern*.
Als Andenken an den Urlaub.

Natürlich hat Martin gesagt,
dass sie das gerne wollen.
Das Problem ist das Geld.
Sie müssen das Studio selbst bezahlen.
Und das ist schwierig.
Denn die *Blaumacher* verdienen noch kein Geld.
„Ich helfe euch", hat Gerd gesagt.
„Dann leihe ich euch das Geld
und ihr gebt es mir später wieder zurück."

Aber Martin ist sich unsicher, ob sie das tun sollen.
2.000 Euro sind ganz schön viel Geld.

„Das Geld habt ihr schnell zurückverdient",
hat Gerd gesagt.
„Ihr verkauft eine CD für zehn Euro.
Ihr müsst also nur 200 CDs verkaufen.
Es läuft doch gut.
Denkt einfach darüber nach."

Zusammen

Bei Nick und Mara läuft es auch gut.
Sie fahren zusammen Fahrrad durch die Dünen.
Sie schwimmen zusammen im Meer.
Sie liegen zusammen im warmen Sand.
Und sie gehen nachts zusammen spazieren.
So wie jetzt.
Die anderen Jungen sitzen im Zelt.
Sie spielen schon wieder Trinkspiele.
Aber Mara und Nick gehen lieber durch die Dünen.
Hand in Hand.

„Ist es nicht toll hier?“, fragt Mara.
Sie sieht hoch, zum Vollmond.
Es ist wunderschön hier draußen.
„Viel besser als in Amerika, oder?“, fragt sie.
Sie erwartet, dass Nick sagt,
dass es ihm in Deutschland jetzt gut gefällt.
Aber das sagt er nicht.
Nick schweigt und sieht zu Boden.

„Nick?“, fragt Mara.
„Vermisst du Amerika immer noch?“

Nick zuckt mit den Schultern.
„Es ist toll mit dir und den *Blaumachern*“, sagt er.
„Und hier auf Borkum ist es auch toll.
Aber … ich weiß nicht.
Ich vermisse meinen Vater so“, sagt er leise.

„Telefonierst du nicht mit ihm?“, fragt Mara.
„Oder mailt oder schreibt ihr euch nicht?“
Nick seufzt und schüttelt den Kopf.
„Mein Vater ist tot“, sagt er leise.
„Ein Unfall. Bei einer Flug-Übung.“

Mara weiß nicht, was sie sagen soll.
„Seid ihr deshalb nach Deutschland gekommen?“, fragt sie dann.

„Ja“, sagt Nick.
„Wir durften nicht in Amerika bleiben.
Wir haben keinen amerikanischen Pass.
Und wir haben keine Aufenthalts-Genehmigung bekommen.“

Klatschnass ins Zelt

Mara und Nick gehen zurück zum Campingplatz.
Inzwischen haben sich Wolken
vor den Mond geschoben.
Und ab und zu fällt ein Tropfen Regen.
Mara hat Mitleid mit Nick.
Das muss man sich mal vorstellen:
Plötzlich hat man keinen Vater mehr.
Und dann muss man noch
in ein anderes Land ziehen.

Plötzlich regnet es stärker.
Dicke Tropfen fallen vom dunklen Himmel.
Sie rennen an der Scheune vorbei.
Sie rennen an den nassen Zelten vorbei.
Und dann kommen sie zu Maras Zelt.
„Komm“, sagt Mara.
Sie öffnet den Reißverschluss und geht rein.
Nick folgt ihr.
Mara macht die Taschenlampe an.
„Ich ziehe erst mal die nassen Sachen aus“, sagt sie.
Sie fängt an, ihre Schuhe und Socken auszuziehen.
Und dann ihr T-Shirt und ihre Jeans.

Im Licht der Taschenlampe sitzt sie da,
in ihrer Unterwäsche.
Mit einem Handtuch trocknet sie sich die Haare.
Nick sieht Mara zu, ohne sich zu bewegen.
Sein Herz schlägt ihm bis zum Hals.

„Zieh deine nassen Sachen aus, na los",
sagt Mara.
„Sonst darfst du nicht mit in meinen Schlafsack."
Sie grinst und kriecht in ihren Schlafsack.
Und dann erst zieht Nick sich aus.

Kurz darauf liegen sie eng aneinandergekuschelt
unter Maras Schlafsack.
Zusammen in den Schlafsack ging nicht.
Dafür war Maras Schlafsack zu klein.

Nick weiß nicht, was er machen soll.
Natürlich hat er schon oft darüber nachgedacht:
Wie es wäre, Mara nackt zu sehen.
Wie es wäre, ihren nackten Körper anzufassen.
Ihre Brust. Ihren Bauch. Ihren Po.
Und wie es wäre, mit ihr zu schlafen.
Aber jetzt, als er wirklich mit ihr im Zelt liegt …

Jetzt ist er eigentlich viel zu nervös,
um irgendetwas zu machen.

Zum Glück ist Mara nicht so nervös.
Sie legt den Kopf auf seine nackte Brust.
Ihre Haare sind noch nass vom Regen.
„Nick?“, fragt sie leise.
„Hm“, antwortet Nick.
„Bist du schon mal mit einem Mädchen
im Bett gewesen?“, fragt Mara.

Nick erschrickt bei der Frage.
Auch darüber hat er natürlich schon nachgedacht.
Was er antworten soll, wenn Mara ihn das fragt.
„Nein“ ist die Wahrheit, aber das klingt so blöd.
„Ja“ ist nicht wahr, aber es klingt viel cooler.
„Ich nicht“, sagt Mara leise.
„Du bist der erste Junge,
der mich nackt gesehen hat.“

Jetzt muss Nick lachen.
„Ich habe gar nichts gesehen“, flüstert er zurück.
„Deine Taschenlampe macht nicht so viel Licht.
Ich glaube, die Batterie ist bald leer.“

Jetzt muss Mara auch lachen.
„Warte", sagt sie. „Ich habe noch eine Taschenlampe."
Sie will unter dem Schlafsack hervorkriechen,
um die Lampe zu holen.
Aber Nick hält sie zurück.
„Ich muss dich nicht sehen", sagt er leise.
„Ich kann dich berühren, das ist viel spannender."

Und dann passiert eigentlich alles wie von selbst.
Nicks Hände streicheln Maras Körper.
Und Maras Hände streicheln Nicks Körper.
Ihre Lippen küssen sich.
Der Regen tropft auf das kleine Zelt.
Draußen ist es nass und kalt.
Aber das ist Mara und Nick egal.

Besenstiel

„Ich habe Kondome“, sagt Mara nach einer Weile.
„Weißt du, wie man die benutzt?“
Sie drückt ihm ein kleines viereckiges Päckchen in die Hand.
„Ja“, flüstert Nick zurück.
„Wir mussten in der Schule damit üben.“
„So richtig?“, kichert Mara.
„Nein, natürlich nicht“, lacht Nick.
„An einem Besenstiel.“
Und dann lacht Mara laut los.
Sie sieht es vor sich.
Alle Jungen aus der Klasse mit einem Besenstiel.
Und am Üben mit den Kondomen.
Ihr laufen Tränen über das Gesicht.

Erst lacht Nick mit.
Aber nach einer Weile reicht es ihm.
„Hör mal auf zu lachen“, sagt er zu Mara.
Aber Mara kann nicht mehr aufhören.
Sie hat einen richtigen Lach-Anfall.
Jedes Mal, wenn sie Nick ansieht,
prustet sie wieder los.

Nick wird ein bisschen wütend.
Es war gerade so romantisch.
Und die ganze Stimmung ist jetzt weg.
Er zieht Mara an sich, um weiterzumachen.
Er küsst sie auf den Mund
und streichelt ihre Schultern.
Aber Mara hat schon Schluckauf vom Lachen.
„Tut mir leid, Nick", sagt sie.
„Es geht wirklich nicht.
Wir müssen es ein anderes Mal versuchen.
Lass uns einfach schlafen."

Aber das ist nicht das, was Nick will.
Er wird jetzt doch richtig wütend.
„Bitch", sagt er sauer.
„Hör mal", reagiert Mara überrascht.
„Ich kann doch auch nichts daran ändern,
wenn ich lachen muss.
Hättest du bloß nichts gesagt von dem Besenstiel."
Und wieder kann sie ihr Lachen kaum zurückhalten.
Nick nimmt seine nassen Sachen.
Und geht durch den Regen zum Jungs-Zelt.

Rum-Cola

Martin, Paul und Tim liegen noch nicht
in ihren Schlafsäcken.
Sie spielen immer noch Abklatschen.
Nicht mehr mit Bier, denn das ist alle.
Sie trinken jetzt kleine Gläser Cola mit Rum.
Die Cola haben sie selbst gekauft, beim Laden.
Den Rum haben sie von einem Fan gekriegt.
Tim füllt die Gläser: zur Hälfte Rum, zur Hälfte Cola.

Und dann kommt Nick ins Zelt.
„Hey, Nick“, rufen die Jungen.
„Gut, dass du da bist. Machst du mit?
Wir haben jetzt wirklich was Feines zu trinken.“
„Klar“, antwortet Nick und setzt sich in den Kreis.

Es ist gemütlich, so zu viert.
Paul und Tim erzählen Witze.
Das können sie gut.
Einen Witz nach dem anderen.
Alle lachen laut.
Nick vergisst, dass er sauer ist auf Mara.
Nick vergisst seine Trauer um seinen Vater.

Nick geht es super.
Er spielt Abklatschen und trinkt
kleine Gläser Rum-Cola.
Es ist toll, Freunde zu haben.
Und es ist toll auf Borkum.

Die Jungen machen weiter, bis der Rum leer ist.
„Oh, Mann“, sagt Martin,
während er versucht aufzustehen.
„Ich muss eigentlich aufs Klo,
aber das schaffe ich nicht mehr.“
„Dann geh doch kurz raus
und pinkel neben dem Zelt“, meint Paul.
Martin nickt.
Das klingt nach einer guten Idee.
Die anderen haben auch Angst,
dass sie es nicht mehr bis zum Klo schaffen.
Zu viert stehen sie neben dem Zelt und pinkeln.
Das ist natürlich ziemlich eklig.
Aber die Jungen lachen laut darüber.
So was ist richtiger Urlaub!
So was macht man zu Hause nie!
Sie lachen laut über sich selbst.

Regen

Am nächsten Tag ist Mara erst spät wach.
Das liegt daran, dass es immer noch regnet.
Die Sonne hatte keine Chance, sie zu wecken.

Sie spürt, dass etwas nicht in Ordnung ist.
Aber ihr fällt nicht sofort ein, was es ist.
Und dann denkt sie an gestern Abend.
Und an Nick.
Oh ja, Nick war wütend.
Weil sie so lachen musste.
Wegen dem Besenstiel.
Mara muss fast wieder lachen.

Ob Nick wohl immer noch wütend ist?, denkt Mara.
Und was soll ich dazu sagen?
Soll ich mich bei ihm entschuldigen?
Oder soll ich warten, bis er zu mir kommt?
Dann zuckt sie mit den Schultern.
Ich werde es sehen, denkt sie.
Sie sieht auf ihre Uhr. Es ist zwei Uhr.
Um vier Uhr müssen sie proben, in der Scheune.
Eigentlich brauchen sie gar nicht mehr zu proben.

Sie haben die Songs schon so oft gespielt.
Aber sie üben trotzdem weiter.
Weil Gerd sie darum gebeten hat.

Den Campern gefällt es, beim Proben dabei zu sein.
Vor allem, wenn es regnet.
Dann sind fast alle Tische in der Scheune besetzt.
Die Camper spielen Poker und andere Kartenspiele.
Und sie hören den *Blaumachern* zu.
Gerd verkauft immer viel, wenn es regnet.
Kaffee, Bier, Snacks, Cola.

Heute Mittag ist es aber etwas Besonderes.
Gerd hat die Leute vom Tonstudio
zur Probe eingeladen.
Sie kommen, um Aufnahmen zu machen.
Für die erste *Blaumacher*-CD!

Keine CD?

Als Mara in die Scheune kommt, ist niemand da.
Kein Nick, kein Martin, kein Paul und kein Tim.
Und auch keine Leute mit Aufnahme-Geräten.
Hä?, denkt Mara. Wo sind denn alle?
Dann kommt Gerd herein.
„Hey Mara“, sagt Gerd. „Ich hab dich schon gesucht.“

„Ich weiß nicht, wo die Jungen sind“, sagt Mara.
Sie glaubt, dass Gerd das wissen will.
Gerd schüttelt den Kopf.
„Aber ich weiß das“, sagt er.
„Sie schlafen ihren Rausch aus.
Sie haben viel zu viel getrunken letzte Nacht.
Sie können heute nicht auftreten.“

Mara sieht ihn erschrocken an.
„Nick auch?“, fragt sie.
„Ja“, sagt Gerd. „Alle vier. Ich war gerade bei ihnen.“

Mara zieht ihre Stirn in Falten.
„Aber es sollten doch Leute kommen
wegen der CD?“, fragt sie.

Gerd nickt.
„Ich habe ihnen abgesagt“, sagt er.
„Wie schade“, findet Mara.
Gerd nickt wieder.
„Ich muss mit dir reden, Mara“, sagt er.
Er klingt ernst.

„Ich sage es dir direkt“, beginnt Gerd.
„Deine Freunde trinken zu viel.
Sie saufen jeden Abend bis tief in die Nacht.
Ich habe schon einmal was zu ihnen gesagt.
Und dann haben sie versprochen,
es passiert nicht wieder.
Aber am nächsten Abend ging es wieder los.
Bis jetzt liefen die Auftritte noch gut.
Darum habe ich sie machen lassen.
Aber jetzt …“

Gerd sieht Mara direkt in ihre
erschrockenen blauen Augen.
„Jetzt weiß ich auch nicht weiter“, sagt er leise.

Alles versaut

Mara schüttelt den Kopf.
Dass sie nichts davon gemerkt hat!
Sie kriegt einfach nicht mit,
was die Jungen abends in ihrem Zelt so treiben.
Sie schlafen schon immer sehr lange aus und so.
Aber, na ja, das machen doch alle so
auf dem Campingplatz.
Das muss doch nicht heißen,
dass sie jeden Abend betrunken sind.
Aber Gerd sagt, dass sie das wohl sind.

Mara seufzt.
Jetzt fängt das gleiche Theater an
wie letztes Jahr, als sie die Band verlassen hat.
Weil Martin immer besoffen war.
Das hat übrigens geholfen.
Martin war total geschockt,
als Mara nicht mehr mitmachen wollte.
Er hat monatelang keinen Tropfen angerührt.

Mara läuft ziellos über den Campingplatz.
Sie hat keine Lust, zu ihrem Zelt zu gehen.

Sie hat keine Lust, ins Restaurant zu gehen.
Sie hat eigentlich keine Lust auf irgendwas.

Es lief alles so super.
Jeder Auftritt war ein großer Erfolg.
Sie sollten eine CD aufnehmen.
Warum müssen die Jungen jetzt so viel trinken?,
denkt Mara. Sie versauen alles.
Nicht nur für sich selbst, sondern auch für mich.

Ihr laufen die Tränen über die Wangen.
Am schlimmsten findet sie,
dass Nick auch mitmacht.
Nick, der noch nie getrunken hatte,
als er nach Deutschland kam.
Weil Alkohol in Amerika für Jugendliche verboten ist.

Hier ist es auch viel zu einfach, denkt Mara wütend.
Sobald man 16 ist, kann man hier Alkohol kaufen.
Und oft auch, wenn man noch keine 16 Jahre alt ist.
Denn im Supermarkt fragen sie
viel zu selten nach dem Alter oder dem Ausweis.

Die Jungs vom Bier-Zelt

„Hey, *Little Green Skirt*“, hört Mara plötzlich.
Zwei Jungen winken ihr zu.
Vor der Wand aus Bierkisten.
Mara winkt zurück.
„Ihr seid so eine coole Band“, ruft der eine.
„Kommt ihr zu uns? Was trinken?“, fragt der andere.
„Wir haben genug.“
Er grinst und zeigt auf die Kisten.

„Ich trinke lieber eine Tasse Tee“, sagt Mara.
„Auch okay“, sagt der Junge.
„Klar“, findet der andere Junge.
„Wir wollten heute zur Scheune.
Aber wenn ihr nicht spielt, bleiben wir einfach hier.“
Er zeigt auf ein großes blaues Zelt.

Die Jungen, die die Bierwand gebaut haben,
sind zu sechst.
Sie schlafen alle in eigenen kleinen Zelten.
Und sie haben das große Zelt,
um gemütlich zusammenzusitzen.
Das Kneipenzelt, wie sie es nennen.

Es ist schon klar, warum das Zelt so heißt.
Die Wand aus Bierkisten steht direkt
vor dem Kneipenzelt.
Man muss nicht mal raus,
um sich eine Flasche zu greifen.

„Trinkt ihr echt das ganze Bier weg?“, fragt Mara.
Die Jungen nicken: Klar, kein Problem.
„Aber wie lange bleibt ihr denn hier?“,
fragt Mara weiter.
„Zwei Wochen“, brummt einer von den Jungen.
„Aber das sind ... das sind ...“

Mara geht auf die Bierwand zu.
„Das sind ja fast zwei Kisten am Tag“,
zählt sie schnell.
Die Jungen nicken wieder.
„Das ist megaviel“, findet Mara.
„Dann seid ihr doch nur besoffen im Urlaub, oder?“

Die Jungen müssen lachen.
Nein, richtig schlimm besoffen werden sie nicht.
Schon, wenn sie in kurzer Zeit viel Bier trinken.
Aber das machen sie nicht.

Sie trinken einfach den ganzen Tag über.
Dann sind ein paar Flaschen Bier nicht so viel.
Mara sieht sie mit großen Augen an.
„Nicht viel?", ruft sie.
„Aber das ist fürchterlich ungesund,
was ihr da macht!
Und eigentlich auch ganz schön blöd.
Was habt ihr denn vom Urlaub,
wenn ihr die ganze Zeit nur blau seid?"

Aber die Jungen sehen das anders als Mara.
Sie arbeiten das ganze Jahr.
Und wenn sie Urlaub haben,
dürfen sie sich doch auch mal entspannen.
Und dazu gehört auch mal ein Bier.
Oder mehrere.
Genau wie am Wochenende.
Dann trinken sie auch mal fünf, sechs Flaschen.
Gar nicht so selten sogar.
Vollkommen normal.
Das machen alle so.
Sagen die Jungen.
Und Trinken, das ist cool.
Man ist locker drauf.

Das gefällt den Mädchen doch auch, oder?
Mara schüttelt den Kopf.
„Ich finde das gar nicht cool", sagt sie.
„Ich finde es voll okay, wenn jemand ein Bier trinkt.
Aber sich betrinken, das ist scheiße.
Und glaubt mir, ich weiß das.
Mein Bruder hatte letztes Jahr
ein echtes Alkohol-Problem.
Daran ist nichts cool.
Es ist nur ätzend und armselig.
Das Schlimmste ist ..."

Maras blaue Augen sehen traurig aus.
„Das Schlimmste ist, dass mein Freund
jetzt auch mittrinkt", sagt sie.
„Ich überlege, ob ich ihn verlassen soll",
fügt sie leise hinzu.

Die Jungen sehen Mara erschrocken an.
„Was ist denn passiert?", fragt der eine.

Und dann erzählt Mara von der CD.
Und dass das jetzt nicht klappt.
Weil die Band letzte Nacht wieder

zu viel getrunken hat.
„Ich habe Angst, dass Gerd uns nicht mehr will“,
sagt Mara.
„Hat er das gesagt?“, fragen die Jungen.
„Nein“, sagt Mara. „Das nicht direkt.
Aber er hat schon gesagt,
dass wir die CD vergessen können.“

Die Jungen nicken.
Das ist schade, aber verständlich.

Mara macht Schluss

Die Jungen von den *Blaumachern*
schämen sich zu Tode.
Sie schämen sich vor Mara.
Sie schämen sich vor den Leuten,
die die CD mit ihnen aufnehmen wollten.
Und sie schämen sich auch ein bisschen
vor Jing und Tsang.
Sie finden es schrecklich peinlich,
dass sie nicht auftreten konnten.
Sie wollen es gerne wieder gutmachen.
Aber wie?

Nick starrt traurig vor sich hin.
Vor einem Tag sah die Welt noch so toll aus.
Da ging er mit seiner Freundin durch die Dünen.
Da lagen sie zusammen in einem Zelt.
Da war er der Keyboard-Spieler
in einer richtig tollen Band.
Einer Band, die eine CD aufnehmen sollte.

Und jetzt ist nichts mehr davon übrig.
Die *Blaumacher* gibt es nicht mehr.

Und vielleicht ist Mara auch nicht mehr
seine Freundin.
Da ist sich Nick nicht sicher.
Sie hat nicht richtig Schluss gemacht,
aber sie hat schon ihre Taschen gepackt.
Mara will zurück nach Hause.
Sie hat die Nase voll.

Nick hat alles versucht, um sie zurückzuhalten.
Aber Mara war fest entschlossen.
„Ich habe keinen Bock mehr auf das Saufen“,
sagte sie.
„Nicht bei dir, nicht bei Martin
und nicht bei den anderen.
Ihr habt immer eine Ausrede.
Es muss etwas gefeiert werden.
Es geht euch nicht so gut.
Es ist Urlaub oder Wochenende.
Ihr habt immer einen Grund, euch zu betrinken.
Aber dass ihr damit alles kaputtmacht,
daran denkt ihr nie.“

Mit zwei von ihren drei Taschen
geht sie zur Bushaltestelle.

In einer Stunde fährt die Fähre nach Emden.
Heute Abend kann sie zu Hause sein.
Es wird bestimmt langweilig,
alleine zu Hause zu sein in den Ferien.

Aber sie muss das jetzt durchziehen.
Weggehen ist das Einzige, was hilft.
Wenn sie erst einmal weg ist,
kann die Band nicht weitermachen.
Und dann wird es den Jungen leidtun.
So sehr, dass sie mit dem Trinken aufhören.
Hoffentlich.

Traurig

Nick geht von der Bushaltestelle zurück.
Er hat Mara nachgewunken.
Aber sie hat nicht zurückgewunken.
Sie hat nur kurz die Hand gehoben.
Keine Finger in der Form von „I love you".
Kein Kuss in die Luft.

Nick tritt einen Stein weg.
Der Stein rollt ein kleines Stück über den Weg.
„Ich glaube nicht, dass du so in die erste Bundesliga kommst", sagt ein Mädchen lachend.
Nick sieht auf.
Das Mädchen ist hübsch.
Er lächelt sie kurz an.
Sie trägt einen kurzen blauen Rock, sieht Nick.
Genau so einen Rock wie Mara immer trug,
wenn sie gesungen hat.
Mara ... sofort wird er wieder traurig.
Mit hängendem Kopf geht er weiter.

Er denkt an die letzten Wochen.
Es hat Spaß gemacht mit den anderen Jungen.

Er fand, sie passten richtig gut zusammen.
Er hatte Freunde.
Er gehörte so richtig dazu.
Natürlich war es mit Mara auch schön.
Aber anders.

Warum ist plötzlich alles so schiefgegangen?,
überlegt Nick.
Lag das wirklich alles am Alkohol?
Eigentlich hätten sie gar nicht
so viel trinken müssen, wenn es nach ihm ginge.
Zu Anfang hat ihm das Bier nicht mal geschmeckt.
Aber er fand es cool, mit den anderen zu trinken.

Vor dem Zelt sitzen Martin, Paul und Tim.
Jeder mit einer Flasche Wasser in der Hand.
Wenn Nick nicht so traurig wäre,
hätte er lachen müssen.
Das ist wirklich das erste Mal, denkt er.
Offenbar hilft es, dass Mara weggegangen ist.

Nicks Mutter

Die Fähre aus Emden ist angekommen.
Es kommen viele Menschen auf die Insel.
Menschen mit Rucksäcken und Fahrrädern.
Frauen mit kleinen Kindern auf dem Arm.
Autos mit Gepäck auf dem Dach.

Mara kann noch nicht auf die Fähre.
Sie steht neben ihren Taschen und wartet.
Und sieht sich die Menschen an,
die auf die Insel kommen.
Alle sehen fröhlich aus.
Alle wollen Urlaub machen.
Nur Mara selbst sieht nicht fröhlich aus.

„Mara?“, hört sie plötzlich eine Stimme neben sich.
Erstaunt sieht sie auf.
Nicks Mutter sieht sie lächelnd an.
„Kommst du mich abholen?“, fragt sie.
Oh, denkt Mara. Stimmt ja.
An diesem Wochenende
dürfen die Eltern zu Besuch kommen.
Daran hatte sie gar nicht mehr gedacht.

Nicks Mutter zeigt auf die beiden
großen Reisetaschen neben Maras Füßen.
„Oder fährst du nach Hause?", fragt sie erschrocken.
Mara nickt.
„Ist was passiert?", fragt Nicks Mutter.
„Das kann man wohl sagen", seufzt Mara.

Nicks Mutter weiß nicht, was sie sagen soll.
Aber dann nimmt sie Mara am Arm.
„Komm mit", sagt sie.
„Wir trinken was in dem Café hier."
„Die Fähre fährt doch gleich", sagt Mara.
„Ich habe keine Zeit, um etwas zu trinken."
„Heute fahren noch mehr Boote", sagt Nicks Mutter.
„Ich möchte jetzt wissen, was los ist.
Vielleicht kann ich ja helfen."

Mara weiß nicht, was sie tun soll.
Eigentlich hat sie keine Lust,
mit Nicks Mutter zu reden.
Aber Nicks Mutter geht schon auf das Café zu.
Mara bleibt nichts anderes übrig, als ihr zu folgen.
„Ich nehme ein Bier", sagt Nicks Mutter.
„Du auch?"

Weg

Mara erzählt, was passiert ist.
Nicks Mutter hört schweigend zu.
Sie unterbricht Mara kein einziges Mal.
Als Mara fertig ist, nickt sie.
„Das hatte ich schon befürchtet“, sagt sie.
Mara sieht sie erstaunt an.
„Echt?“, fragt sie.
„Ja“, sagt Nicks Mutter.
„Ich hatte noch überlegt,
es in euren Vertrag zu schreiben.
Nicht mehr als drei Bier am Tag, oder so etwas.“
„Aber Sie hatten doch nur Angst vor Drogen, oder?“,
fragt Mara.
„Sie haben nichts über Alkohol gesagt.“

„Nein“, gibt Nicks Mutter zu.
„Ich fand es kindisch, etwas darüber zu sagen.
In Amerika benehmen sich alle so übertrieben.
Zu Nicks 15. Geburtstag kamen ein paar Freunde.
Wir haben damals mit ihnen im Garten gesessen.
Und ein Bier getrunken.
Ein Bier! Mehr nicht.

Als die Eltern von den Jungen das hörten,
wurden sie wütend.
Nicks Freunde durften nicht mehr
zu uns nach Hause kommen."

Mara muss lachen.
„Das war doch keine so blöde Idee", findet sie.
„Das mit dem Vertrag, meine ich."
„Ein Vertrag kann immer geändert werden",
sagt Nicks Mutter
„Ihr könnt ihn noch anpassen.
Und das mit dem Biertrinken im Vertrag regeln.
Vielleicht können *Die Blaumacher* dann
weitermachen."

Die Fähre tutet dreimal.
Das bedeutet, dass sie gleich losfährt.
Es sind schon Männer dabei,
die Laufbrücke einzuholen.

Mara sieht zu ihren Taschen.
Sie kann die Taschen nehmen.
Und sie kann zum Boot rennen.
Aber wahrscheinlich schafft sie es

sowieso nicht mehr rechtzeitig.
Ein paar Mädchen kommen angelaufen.
„Halt!", rufen sie. „Wartet auf uns!"
Sie schaffen es gerade noch, aufs Schiff zu kommen.
Dann wird die Laufbrücke eingeholt.
Und die Fähre legt langsam ab.

Noch mal versuchen?

Nicks Mutter sitzt in der Scheune
auf dem Campingplatz.
Sie hat gerade ihr Zelt aufgebaut.
Am anderen Ende vom Campingplatz.
„Keine Angst, ich komme nicht in eure Nähe“,
hat sie lachend gesagt.
„Aber ich möchte heute Abend dabei sein.“
Die Jungen sehen sie erstaunt an.
„Was ist denn heute Abend?“, fragt Nick.
„Dann treten die *Blaumacher* doch auf, oder?“,
fragt seine Mutter.
„Ich möchte euch auch einmal hören.“

„Sie können das nicht wissen“, sagt Martin.
„Aber die *Blaumacher* gibt es nicht mehr.“
„Warum nicht?“, fragt Nicks Mutter.
„Habt ihr keinen Erfolg?
Kommt niemand zu euren Auftritten?
Hat der Campingchef eine andere Band geholt?“

„Nein“, seufzt Martin.
„Mara will nicht mehr. Sie ist zurück nach Hause.“

„Oh“, Nicks Mutter sieht ihn erstaunt an.
Als ob sie von nichts wüsste.
„Aber warum das?
Ich dachte, Mara fände es so toll mit euch.“
Die Jungen sehen beschämt zu Boden.
Und schließlich erzählen sie alles.

Nicks Mutter sieht ernst aus.
„Das müsst ihr in den Vertrag schreiben“,
sagt sie dann.
„Kein Alkohol an den Tagen, an denen ein Auftritt ist.
Und nicht mehr als drei Flaschen Bier
an den anderen Tagen. So ungefähr.“
Martin zuckt mit den Schultern.
„Das ändert doch jetzt nichts mehr“, sagt er.
„Mara ist weg und bleibt weg.“

„Ich glaube, sie würde gerne zurückkommen“,
sagt Nicks Mutter.
Sie holt ihr Handy aus der Tasche.
Und ruft Mara an.
„Die Jungen wollen den Vertrag anpassen“,
sagt Nicks Mutter.
„Sie versprechen, dass sie nicht mehr

als drei Bier am Tag trinken.
Und wenn ihr einen Auftritt habt,
trinken sie nichts.
Was meinst du?
Willst du es noch mal versuchen
mit den *Blaumachern*?“

Die Jungen hören gespannt zu.
Aber Nicks Mutter sagt nichts mehr.
Das Gespräch ist vorbei.

Well done

„Na, dann mal los“, hören sie leise.
Die Jungen drehen sich erstaunt um.
Und da steht Mara.
Mit einem kurzen grünen Rock.

„Du bist doch nicht gefahren“, ruft Nick froh.
Er geht auf Mara zu und umarmt sie.
Und er küsst sie.
Vor allen anderen.

„Machst du wirklich wieder mit?“, fragt Martin.
Mara nickt.
„Wenn ihr den Vertrag anpasst“, sagt sie.
„Und natürlich nur, wenn ihr euch auch
an den Vertrag haltet.“

Paul und Tim sind so froh,
dass sie Mara einen Kuss auf die Wange geben.
„Danke, Mara“, sagen sie.
Aber Mara schüttelt den Kopf.
„Ihr müsst euch bei Nicks Mutter bedanken.
Sie hat mich überredet.“

Nick sieht seine Mutter lachend an.
Und er streckt den Daumen hoch.
„Thanks, mom“, sagt er. „Well done.“

Am Abend sitzt Nicks Mutter
wieder in der Scheune.
Sie wartet auf den Auftritt von den *Blaumachern*.
Zusammen mit einer Menge anderer Camper.
Die Scheune ist brechend voll.

„Ich hatte Angst,
sie würden nicht mehr auftreten“,
sagt ein Mädchen zu ihr.
„Ich hatte gehört, dass sie sich getrennt hätten.“
Nicks Mutter lächelt das Mädchen an.
„Ich glaube, sie machen doch weiter“,
antwortet sie und zeigt auf die Bühne.

Da kommen die Bandmitglieder.
Martin setzt sich ans Schlagzeug.
Paul und Tim nehmen die Gitarren.
Mara steht am Mikrofon.
Nur Nick geht nicht zu seinem Keyboard.
Er stellt sich neben Mara.

„That first song is for my mom“,
sagt er ins Mikrofon.
„Because she ist the best mom in the world.“

Und weil einige so fragend schauen, erklärt er:
„Heute spielen wir das erste Lied für meine Mutter.
Weil sie die besten Mutter auf der Welt ist.“

Und dann ertönen die ersten Klänge
von *Little Green Skirt*.

Wörter-Liste

Seite 13: Portemonnaie
Französisch: Geldbörse.
Aussprache: Portmonäh

Seite 21: We will speak English now
Wir sprechen jetzt Englisch.

Seite 21: Nick, can you please tell us something about yourself?
Nick, kannst du uns bitte etwas über dich erzählen?

Seite 22: Any questions?
Irgendwelche Fragen?

Seite 22: I have a question
Ich habe eine Frage.

Seite 22: Army
die amerikanische Armee

Seite 28: Keyboard
elektronisches Klavier

Seite 46: drummen
Schlagzeug spielen

Seite 60: Diskokugel
mit kleinen Spiegeln besetzte, drehbare Kugel, die das Licht in lauter einzelne Strahlen zerteilt

Seite 64: Gothic
jemand, der sich auf bestimmte Art kleidet und bestimmte Musik hört. Gothics tragen meist dunkle oder schwarze Kleidung.

Seite 67: We want more!
Wir wollen mehr!

Seite 69: Borkum
Insel in der Nordsee

Seite 76: Joint
Hasch-Zigarette

Seite 86: Fähre
Schiff, das regelmäßig zwischen zwei Häfen fährt, wie ein Linien-Bus

Seite 88: aus dem Ruder laufen
etwas nimmt überhand, man verliert die Kontrolle

Seite 98: Kulturbeutel
kleine Tasche, in der man auf Reisen alle Sachen für das Bad mitnimmt. Zum Beispiel Duschgel, Zahnbürste und Shampoo.

Seite 124: Bitch
Englisch: Hündin. Wird im Englischen als sehr hässliches Schimpfwort für Frauen oder Mädchen verwendet.

Seite 129: Snacks
kleine Speisen, Knabbereien

Seite 154: Thanks, mom. Well done.
Danke, Mama. Gut gemacht.